高等职业院校汽车类技能型人才培养“十三五”规划教材

U0873292

汽车故障诊断与维修技术

主　编　何前儒
副主编　杨育林　刘明来

西南交通大学出版社
·成　都·

图书在版编目（CIP）数据

汽车故障诊断与维修技术 / 何前儒主编. —成都：西南交通大学出版社，2016.1

高等职业院校汽车类技能型人才培养“十三五”规划教材

ISBN 978-7-5643-4359-0

Ⅰ. ①汽… Ⅱ. ①何… Ⅲ. ①汽车 - 故障诊断 - 高等职业教育 - 教材②汽车 - 车辆修理 - 高等职业教育 - 教材 Ⅳ. ①U472.4

中国版本图书馆 CIP 数据核字（2015）第 253056 号

高等职业院校汽车类技能型人才培养“十三五”规划教材

汽车故障诊断与维修技术

主编　何前儒

责任编辑	王　旻
封面设计	何东琳设计工作室
出版发行	西南交通大学出版社 （四川省成都市二环路北一段 111 号 西南交通大学创新大厦 21 楼）
发行部电话	028-87600564　028-87600533
邮政编码	610031
网　　址	http://www.xnjdcbs.com
印　　刷	成都中铁二局永经堂印务有限责任公司
成品尺寸	185 mm × 260 mm
印　　张	9.25
字　　数	228 千
版　　次	2016 年 1 月第 1 版
印　　次	2016 年 1 月第 1 次
书　　号	ISBN 978-7-5643-4359-0
定　　价	28.00 元

课件咨询电话：028-8700533

图书如有印装质量问题　本社负责退换

版权所有　盗版必究　举报电话：028-87600562

前　言

本教材是按照教育部对高等职业技术院校机械工程类专业培养目标要求而编写的。编者以培养应用型人才为目标，本着“以应用为目的、必需、够用为尺度”的原则，进行教学内容的设计和编写。

本教材是适用于行动导向型教学的《汽车故障诊断与维修技术》项目化教材。完全突破传统教材编写模式，注重对学生分析问题与解决问题能力的培养和训练，是以任务驱动、以代表性车型典型实例为课程主体来进行编写的。

全书共五个学习项目，均取自汽车的典型实例和工作任务构成，各模块之间既循序渐进，又相对独立。在编写过程中，充分考虑高等职业技术院校生源的文化基础和理解能力，突出能力目标、能力训练，课程内容以行动为导向、以任务为载体，努力实现知识理论与实践一体化教学。在使学生为主体的同时又方便教师课堂教学，注重鼓励、引导学生学习兴趣。

本书由南充职业技术学院机电工程系机制教研组教师团队编写，何前儒担任主编，全书由何前儒统稿、策划、组织编写。南充职业技术学院何前儒负责项目一和项目三的编写和全书统稿，南充职业技术学院刘明来编写项目二，南充职业技术学院吴泉成编写项目四，东风汽车南充有限公司杨育林编写项目五。本书在编写过程中得到其他高职学院同仁的热忱帮助和指导，在此谨向在本书编写过程中给予帮助的同志表示衷心的感谢。

由于编者水平有限，教材中难免有不足和错误，敬请读者批评指正。

编　者

2015 年 4 月

前　言

[illegible]

[illegible]

[illegible]

[illegible]

[illegible]

[illegible]

目　录

学习项目一　汽车故障诊断认知

本学习项目介绍汽车故障的认知，包含2个工作任务：工作任务一为汽车故障与汽车故障诊断认知；工作任务二为汽车故障诊断的基本方法及注意事项。学生学习了本学习项目后，能够掌握汽车故障、故障诊断、故障诊断方法，为后续课程的学习奠定基础。

工作任务一　汽车故障与汽车故障诊断认知

任务情境

一、任务描述

一辆丰田卡罗拉轿车，客户抱怨有时要打几次“马达”才能启动发动机，你能排除这个故障吗?

二、任务提示

要排除故障，首先要知道什么是故障，然后进行故障诊断，找出产生故障的原因，才能进行故障排除。

任务目标

一、知识目标

（1）能描述汽车故障的概念。
（2）能描述汽车故障产生的原因。
（3）能描述汽车故障的分类。
（4）能描述汽车故障的表现。
（5）能描述发动机不能启动、启动困难、怠速不稳等故障现象。

二、能力目标

（1）能通过观察了解和确定汽车故障。
（2）能发现汽车故障现象。

必备知识

一、基本知识

1. 汽车故障的概念

汽车故障有两层含义：

（1）汽车部件或总成部分或完全丧失原车设计规定的工作能力的现象。

汽车的工作能力，指汽车按技术文件规定的使用性能指标，执行规定功能的能力。汽车的工作能力是动力性、经济性，工作可靠性及舒适、安全、环保等性能的总称。车辆零部件或总成部分或完全丧失工作能力，表示车辆存在故障，如无法起动；灯光不亮；没有制动；转向失灵等。

（2）汽车的技术状况和工作性能达不到要求。

汽车的技术状况，即汽车的技术性能，是指汽车能适应各种使用条件而发挥最大工作效率的能力。车辆的技术状况一般用汽车的使用性能指标、车辆装备的完善程度以及车辆外部完好状况来进行综合评价。汽车的使用性能指标主要包括：汽车的动力性、汽车的使用经济性、汽车的制动性能、汽车的操纵性和稳定性、汽车行驶的平顺性、汽车的通过性等。车辆的技术状况达不到规定要求，表明汽车有故障，如加速不良、怠速不稳、尾气排放超标等。

2. 故障产生的原因

汽车由各种零件和总成组成，在使用中，随着行驶里程增加，由于机械磨损，化学腐蚀及变形，改变了零件原有尺寸，几何形状，配合间隙，长期载荷产生疲劳而变形，橡胶及塑料制品以及电子产品因长时间工作而老化等都会产生故障；另外汽车因设计、材料、生产工艺、使用方式、检修保养等差异，在使用过程中不可避免地要发生故障；而汽车在使用过程中，由于某种或几种原因，其技术状况将随行驶里程的增加而变化，其动力性、经济性、可靠性、安全性将逐渐或迅速地下降，排气污染和噪声加剧，也产生故障。汽车故障产生的原因主要有：

1）设计制造上的缺陷

汽车在设计和制造过程中有些缺陷，给汽车机件带来先天性不良，以致使用不久就出现故障。如发动机与底盘不匹配，造成换挡冲击；有的发动机散热系统设计不合理，引起发动机经常水温过高；有的曲轴材料缺陷，制造工艺不当，热处理工艺不良，造成曲轴早期断裂或变形等。对于设计引起的故障，无法通过维修彻底解决，只能召回和改进。

2）车辆使用外部条件复杂

汽车故障的发生与汽车工作的外部条件有很大关系，如炎热地区的车辆易引起发动机水温过高，而寒冷地区的车辆会产生启动困难故障。

而车辆经常在崎岖山路或丘陵地区行驶，车辆会产生剧烈跳动及转向剧烈，会引起底盘的冲击和磨损，减振、球头等部件易产生故障。

另外，多雨和沿海地区的车辆，车身和底盘腐蚀较早较快。高海拔地区车辆行驶易产生动力不足的故障现象。这些都是外部环境造成车辆故障。

3）燃油使用不当

汽车燃油使用不当、标号不对、品质太差、含水过多、添加剂不良等，都会造成发动机故障，如引起爆燃、加速不良、损坏氧传感器、损坏三元催化器等。

4）润滑油使用不当

发动机机油黏度不对，性能较差，等级低下，会增加发动机磨损，甚至导致发动机拉缸，变速器液品质较差，直接腐蚀内部密封圈，不同品牌的自动变速器油液混合又易产生化学反应，腐蚀部件，造成变速器出现故障。

5）驾驶操纵不当或错误

驾驶人员的素质与车辆的故障产生有很大关系，驾驶技术不熟练、不按规定操纵车辆、违章驾驶车辆、不按规定保养汽车，都会造成汽车损坏和故障发生。

6）保养维护不当

定期正确地维护和保养车辆，是保证汽车技术状况完备、减少故障产生的重要措施，不按时、不按标准、不规范的维护和修理，将容易产生故障。

7）维修质量低下

维修人员的素质低下，维修技术差，工具设备不齐全，配件质量差，维修工艺落后，流程不规范，甚至维修管理混乱，都会产生故障。

8）零件失效

汽车由上万个功能不同的零件和总成组成，其中大量橡胶件、塑料件、金属件，随着行驶里程增加，由于机械磨损、化学腐蚀及变形，零件原有尺寸、几何形状、配合间隙发生改变，长期载荷产生疲劳而变形，橡胶及塑料制品以及电子产品因长时间工作而老化等都会产生故障。

3. 汽车故障分类

汽车故障按故障的性质及状态等不同可分为不同类型。

1）按工作状态分类

汽车故障按工作状态可分为永久性故障和间歇性故障。

（1）永久性故障：指不经人工维修排除，故障一直存在，无法消除。

（2）间歇性故障：指有时发生，未经维修故障会自动消失，但会反复出现的故障。

2）按汽车丧失工作能力的范围分类

汽车故障按汽车丧失工作能力的范围可分为局部故障和完全故障。

（1）局部故障：指汽车部分丧失工作能力，而其他部分功能正常，即降低了使用性能的故障。汽车或其子系统的工作特性随着时间的延长而逐渐降低，当达不到规定的功能时即形成故障。例如摩擦副的磨损、弹性件的硬化、油料的变质等都会使汽车性能或部分性能下降。

（2）完全故障：指汽车某一功能丧失或完全丧失工作能力而不能行驶的故障。此类故障是由于汽车或其零件、部件在正常工作状态下，突然停止功能，造成整个汽车功能不能实现。例如，分火头击穿，中心高压线掉线，转向节折断等。

3）按汽车故障的严重程度分类

按汽车故障的严重程度，分为轻微故障、一般故障、严重故障和致命故障。

（1）轻微故障：指不会导致汽车停驶或性能下降，不需要更换零件，用随车工具能轻易排除的故障。例如，点火系高压线掉线，气门芯渗气，车轮个别螺母松动，离合器因调整原因分离不彻底等。

（2）一般故障：指汽车运行中能及时排除的故障或不能排除的局部故障。此类故障使汽车停驶或性能下降，但一般不导致主要零部件或总成严重损坏，并可用更换易损件和随车工具在较短时间内排除。如汽油泵膜片损坏使发动机停止工作，从而使汽车停驶；风扇皮带断裂使发动机冷却系停止工作，从而使汽车停驶；雨刷器在雨天损坏使汽车在雨天难以工作等故障均属于一般故障。

（3）严重故障：指汽车运行中无法排除的完全故障。此类故障可能导致主要零部件、总成严重损坏，或影响行车安全；且不能用易损备件和随车工具在较短时间内排除。例如，发动机缸筒拉缸，后桥壳裂纹，操纵轮摆振，曲轴断裂，制动跑偏等均属于严重故障。

（4）致命故障：指导致汽车、总成重大损坏的故障。此类故障危及汽车行驶安全，导致人身伤亡，引起汽车主要总成报废；对周围环境有严重破坏，造成重大经济损失。例如，发动机报废、转向节臂断裂、制动管路破裂、操纵失灵等。

4）按故障发展过程分类

按故障发展过程分为突发性故障和渐变性故障。

（1）突发性故障：也称急剧性故障，指故障突然发生，在发生故障之前没有任何迹象。突发性故障的特点是技术性能参数产生跃变，突发性故障在任何时候都可发生。例如，汽车超载而引起的零件突然损坏。突发性故障发生后，不停机维修，汽车无法恢复正常运行。

（2）渐变性故障：指汽车或机构由正常使用状况逐渐转化为故障状况。渐变性故障出现后一般可以继续行驶到修理。渐变性故障发展平稳、缓慢，汽车上的一般动配合零件都是按这种规律出现故障和发生损坏的。对于渐变性故障来说，汽车（或总成、零件）技术状况的变化是一个连续的过程，由初始状况（完好的技术状况）变到故障状况，要经过一系列的中间过程。渐变性故障之所以发展平稳、缓慢，是由于对汽车进行及时维护的结果，在全部的汽车故障中，有 40% ~ 70%属于渐变性故障。

5）按故障产生的原因分类

按故障产生的原因分为设计原因引起的故障和使用原因引起的故障。

（1）设计原因引起的故障包括结构设计欠合理、加工工艺不完善等。例如由于汽车前悬架结构设计不合理造成汽车制动过程中的跑偏等。

（2）使用原因引起的故障主要指违反行车规定，如汽车超载、使用不符合标准的燃料和润滑油以及没有按规定进行维护等产生的故障，例如由于两前轮轮胎气压不等造成的制动跑偏。使用原因引起的故障属人为故障。

4. 汽车故障的表象

汽车故障表象指汽车故障现象的具体表现。现代汽车结构庞杂，运行条件也极其复杂，因而产生的故障也多种多样，要准确诊断故障，必须首先熟悉其表现出来的不同的内在和外表的特征，并根据这些症状来排除故障。综合起来，汽车的故障表象可以归纳为如下：

1）运行工况异常

指汽车在启动和运行中出现和存在不正常的工作状况。如发动机突然熄火后再启动困难，甚至不能启动；发动机不易启动或启动后运转不稳定；在行驶中动力性突然降低，使汽车行驶无力；行驶中突然制动失灵或跑偏、转向盘和前轮晃动甚至失控等。工况异常的故障症状明显，容易察觉，但是形成原因复杂，而且往往是从渐变到突变，因此，必须认真分析突变前有无可疑症状，去伪存真，才能判明故障的所在。

2）异　响

汽车在发动或行驶时，由于机件的运转、振动会发出声响，这种声响可分为正常响声和异常响声。正常响声指允许存在的轻微噪声，如发动机内部的活塞环与气缸壁的摩擦声、机油的激溅声、发动机爆发形成时的声音以及其他一些汽车运行过程中允许出现的声音。异常声响则指不正常的金属敲击声，或其他不应有的声音。比如敲缸响、销子响、轴承响、窜气声等。这些异常声音存在说明有故障，应立即排除。应当指出的是，许多声响异常的故障会酿成重大机件事故，因此必须认真对待。

3）温度异常

温度异常现象通常表现在发动机、变速器总成、驱动桥总成、制动鼓及电器元件上。在正常情况下，无论汽车工作多长时间，这些总成均应保持一定的温度。除发动机外，用手触摸这些总成时，应该能够忍受，若感到烫痛难忍，表明该处过热，说明有故障。一般电器工作一段时间，也会有一定温度，如触摸无温感，应该判断是否工作。

4）排放异常

发动机工作过程中，正常的燃烧生成物主要成分应当是二氧化碳和少量的水蒸气，因此发动机尾气应该无明显颜色的烟雾。若发动机燃烧不正常，废气中会掺有未完全燃烧的碳粒、碳化氢、一氧化碳或者大量水蒸气，这时废气的颜色可能变黑、变蓝、变白，即排放不正常。排放不正常是发动机故障诊断的重要依据。正常的发动机废气无明显的烟雾，若气缸上窜机油时，则废气呈蓝色；混合气燃烧不完全时，废气呈黑色；燃油中掺有水时，废气呈白色。

5）消耗异常

燃油、润滑油消耗异常指燃油、润滑油消耗超过其规定值。燃油、润滑油消耗异常也是一种故障症状。燃油消耗量增多，一般为发动机工作不良或底盘的传动系、制动系调整不当所致。机油的消耗量过多，除了渗漏的原因外，多是由于发动机有故障。这时常常伴有加机油口处大量冒烟或脉动冒烟，排气烟色不正常等，其主要原因是活塞与气缸壁的配合间隙过大或活塞环损坏失效。如果在发动机工作过程中，机油量有增无减，可能是由于冷却水或汽油渗入到油底壳引起。燃油、润滑油的消耗异常是发动机技术状况不良的一个重要标志。

6）气味异常

气味异常是可用鼻子嗅出的不正常气味，如电路短路，烧着时的橡胶臭味；汽车行驶中，如有制动拖滞、离合器打滑等故障时散发出来的离合器摩擦片、制动蹄片烧蚀时的焦烟味；排气管排出的烟雾味、生油味，以及发动机过热、机油或制动液燃烧时，也会散发特殊气味等。行车中感觉气味异常，应尽快停车检查，确定并排除故障。

7）失控或抖动

汽车或总成在工作中，出现操作失灵，操纵困难，不允许的自身抖动等，表示有故障存在，如四轮定位不正确，轮胎动不平衡，曲轴不平衡，传动轴动不平衡等，都会引起车辆抖动和控制困难。

8）渗　漏

渗漏是指汽车的燃油、润滑油（机油、齿轮油）、冷却液、制动液（或压缩空气）以及动力转向油等油液的泄漏。渗漏故障症状明显，可直接观察发现。渗漏包括漏油、漏水、漏气、漏电等，渗漏会造成过热、转向、制动失灵、耗油量增加等故障，渗漏还会污染机件和环境，严重渗漏还会造成车辆工作性能下降甚至不能工作，因此一旦发现渗漏应随即排除。

9）外观异常

汽车发生故障时，外表上的变化亦会反映出来。如将汽车停放在平坦场地上，检查其外形，如有横向或纵向歪斜等现象，则为外观异常。汽车外观异常的原因多系车架、车身、悬挂装置，轮胎等出现异常，这样会引起行驶方向不稳、行驶跑偏、重心偏移、轮胎摩擦不均匀等故障。

10）仪表指示异常

汽车上的各种仪表（电流表、机油压力表、水温表和气压表等）指示车辆有关部分的工作状况，如果仪表读数指示异常，表明该部位有故障，应立即停车检查排除。

11）性能异常

车辆的各种使用性能随着行驶里程的增长而减弱，但很缓慢，一般不易感觉出来，若在行车中感到汽车使用性能突然变坏，则表明有了故障（如发动机动力迅速下降、汽车 突然摆头严重、制动器不灵等），应立即停车，检查排除。

12）间隙异常

车辆部件的各部分间隙都有其标准数值，如果间隙过大或过小，都表明有了故障，应进行调整或更换。

13）仪表故障警告灯点亮

汽车组合仪表上有各个电控系统故障警告指示灯，当发动机启动后或汽车运行中，仪表有故障警告灯点亮，则表示该灯所代表的控制系统有故障。

二、基本技能

汽车发动机故障的基本检查

若发动机机械系统和电控系统（传感器、控制模块 ECM、执行器等）失效，将会产生以下情况：

（1）发动机难以启动或根本不能启动。

（2）怠速不良：低、高、抖、熄火、游车。

（3）驾驶性能不良：无力、熄火、窜动等。

检查发动机故障时，首先从基本系统开始检查。如果存在发动机无法启动、怠速不稳或加速不良等现象，必须先进行基本的故障检查，以下介绍汽车发动机基本检查程序。

1）准备工作

（1）防护装备：工作服、工作帽、手套、劳保鞋。

（2）实训设备：卡罗拉整车，或桑塔纳 3000 整车，或同类发动机台架。

（3）手工工具：拆装工具一套。

（4）辅助材料：

翼子板布和前格栅布、三件套、抹布、手套、白板笔。

2）实施步骤

注意：请按举升机使用规范及车辆防护标准操作。

（1）发动机外观故障检查。

不启动发动机，目测检查发动机的外观（见图 1-1-1）：

a. 机械：裂缝、漏油等损坏。

b. 电子元件及线路和连接器：电子元件破损、线路断路、连接器断开或虚接等。

c. 气路、真空管路：破损、断开等。

d. 燃油管路外观：泄漏等。

e. 其他：其他目视能发现的损坏。

（2）发动机启动故障检查。

警告：首先确认发动机舱没有人在操作，变速器挡位在空挡或停车挡，手制动拉好（见图 1-1-2）。

a. 接通点火开关启动挡，启动发动机，观察发动机能否在 5 s 内启动。如果能启动，发动机启动正常，进行步骤（3），如果不能启动，进行步骤（b）。

b. 间隔 5 ~ 10 s 后继续启动发动机，如果能够启动，则发动机轻微启动困难，进行步骤（3）；如果不能启动，间隔 5 ~ 10 s 后继续启动发动机，如果能够启动，则发动机启动困难，进行步骤（3）；如果还是不能启动，则判断为发动机不能启动。

图 1-1-1　发动机外观检查

图 1-1-2　启动发动机

（3）发动机运行故障检查。

a. 保持发动机运转 2 min 以上（发动机暖机），如图 1-1-3 所示，观察仪表是否有异常的警告灯亮起，以及机油压力、冷却液温度是否在正常范围。

图 1-1-3　仪表警告灯

b. 发动机怠速运转时，观察转速表（见图 1-1-4）是否抖动或上下波动。如果转速表抖动，则判定发动机怠速抖；如果转速表上下波动，则发动机失速（俗称“游车”）。

图 1-1-4　观察转速表

c. 分别缓慢和快速踩下加速踏板，观察发动机能否加速到 3 000 r/min 以上，如果不能或转速上升不平顺，则发动机加速不良。

警告：严禁将发动机加速到 6 000 r/min 以上。

d. 分别缓慢和快速松开加速踏板，观察发动机转速能否平稳下降，如果下降不平顺或熄火，则发动机转速不良。

（4）将发动机熄火，并按 5S 要求操作。

三、拓展知识

1. 汽车的可靠性能

汽车的可靠性指汽车在规定的使用条件下，在规定的时间或者规定的里程内能稳定、安全行驶的能力，包括固有可靠性和使用可靠性。

1）固有可靠性

固有可靠性是指汽车在设计制造时所赋予的内在质量，只能通过重新设计和改造才能提高。

2）使用可靠性

使用可靠性是指汽车在使用过程中所表现出来的质量，可以通过维修手段来保持和提高。汽车在使用中技术状况下降，故障率上升，使汽车不能安全行驶，说明汽车可靠性能下降。汽车质量的核心，实质上就是可靠性。

汽车的故障就是汽车零部件或总成部分丧失设计的规定功能，使汽车可靠性下降所产生的现象。

2. 汽车故障率

汽车故障出现有一定的规律性，这种规律用故障率来表示。

故障率指汽车发生故障的频率随行驶里程或行驶时间而变化的规律。通常用故障率曲线来表示，故障率曲线两端高，中间低平，呈浴盆状，故又称“浴盆曲线”：如图 1-1-5 所示为汽车故障率的“浴盆曲线”。

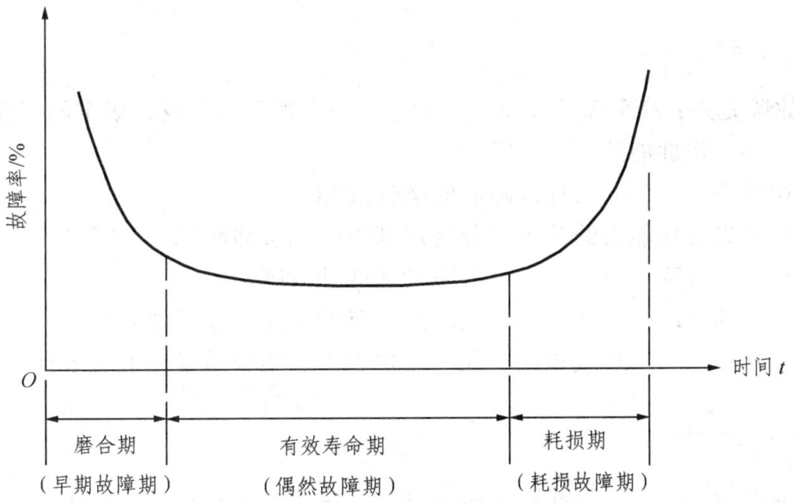

图 1-1-5　汽车故障率浴盆曲线

根据“浴盆曲线”，汽车故障率随时间变化分 3 个时期：

1）早期故障期

浴盆曲线左侧部分为早期故障期，这是新车或大修过的汽车开始使用的初期。新车出现早期故障是由于设计或制造上的缺陷等原因造成的，如设计不良、制造质量差、材料有缺陷、工艺质量有问题、装配不佳、调整不当、零件加工刀纹及残留物，工艺过程引起的应力，质量管理和检验的差错等，使故障率较高；大修车出现早期故障主要是由于装配不当、修理质量不高所致。早期故障可以通过强化试验和磨合加以排除。该阶段特点是故障率较高，但在此阶段中汽车故障率随时间增加而迅速下降，属于故障率递减型曲线。

2）随机故障期

浴盆曲线的中间部分为随机故障期，又称为偶发故障期，指汽车正常使用时期，故障发生比较少，不随时间变化。曲线特点是故障率的值比较低，并且相对稳定。此阶段故障率是与行驶里程和时间无关的常数，属于故障率恒定型曲线，故障的出现是随机的。

随机故障期内故障产生的原因：一是偶然因素造成的，如材料缺陷、操作失误、超载运行、润滑不良、维修欠佳及产品本身的薄弱环节等引起的；二是一些零件合乎规律的早期损耗所引起的。在随机故障期内发生故障的时间是随机的，难以确定的，但从统计学角度来看，故障发生的概率又是有规律可循的。汽车正常使用的过程中所出现的故障，多属于随机故障期故障。

3）耗损故障期

浴盆曲线的右侧部分为耗损故障期，在这段时期故障率随时间的延长而上升得越来越快，属于故障率递增型曲线。耗损故障期内故障产生的原因主要是汽车机件的磨损、疲劳、变形、腐蚀、老化、衰竭等造成的。这种故障引起性能参数恶化、振动增大、出现异响等，故障率达到一定值时汽车或总成就不能再继续使用，必须报废或大修。因此，确定汽车机件何时进入耗损故障期，是汽车生产厂家确定定期更换易损件的理论根据。

四、学习小结

（1）汽车故障是指：汽车部件或总成，部分或完全丧失原车设计规定的工作能力的现象；汽车的技术状况和工作性能达不到要求。

（2）按工作状态可分为永久性故障和间歇性故障。

（3）按汽车丧失工作能力的范围可分为局部故障和整体故障。

（4）按故障发展过程可分为突发性故障和渐变性故障。

（5）故障产生的原因：设计制造上的缺陷、车辆使用外部条件复杂、燃油使用不当、润滑油使用不当、驾驶操纵不当或错误、保养维护不当、维修质量低下、零件失效。

五、任务分析

客户抱怨有时要打几次“马达”才能启动发动机，这看似简单的故障，可能的故障原因包含了蓄电池、起动机、起动线路和发动机，进行故障诊断时必须掌握正确的方法。

六、自我评估

1. 填空题

（1）汽车故障是指：汽车部件或总成，____________________ 的现象和汽车的技术状况和____________达不到要求。

（2）汽车故障按工作状态可分为__________和__________。

（3）按汽车丧失工作能力的范围可分为：__________和__________。

（4）按故障发展过程可分为__________和__________。

（5）故障产生的原因：__________、车辆使用外部条件复杂、__________、润滑油使用不当、驾驶操纵不当或错误、__________、维修质量低下、零件失效。

2. 判断题

（1）曲轴断裂属于汽车轻微故障。(　　)

（2）如果只是打开点火开关，发动机没有启动，电动汽油泵不会工作的。（　　）

（3）正常的发动机废气无明显的烟雾，若气缸上窜机油时，则废气呈蓝色；混合气燃烧不完全时，废气呈黑色；燃油中掺有水时，废气呈白色。（　　）

（4）加速不良是车辆的技术状况达不到规定要求的表象。（　　）

（5）按故障产生的原因分类，速腾轿车的后轴断裂属于使用原因造成的。（　　）

3. 选择题

（1）汽车故障按发生故障后产生的后果可分为（　　）。

A. 一般故障　　B. 严重故障

C. 致命故障　　D. 完全故障

（2）属于汽车的技术状况和工作性能达不到要求的故障现象是（　　）。

A. 制动失效　　B. 加速不良

C. 无法启动　　D. 灯光不亮

（3）下面哪个现象，不是汽车的故障表现（　　）。

A. 发动机异响　　B. 变速器漏油

C. 仪表保养指示灯点亮　　D. 尾气排放超标

（4）对间歇性故障的描述，下面正确的是（　　）。

A. 时有时无的故障

B. 过去有但现在不存在的故障

C. 偶发性故障

D. 未经过修理，故障自行消失，过后又重复出现的故障

（5）关于引起发动机油耗过高故障的原因，下面错误的是（　　）。

A. 设计制造缺陷　　B. 驾驶操作不当

C. 零件失效　　D. 承载过重

工作任务二　汽车故障诊断的基本方法及注意事项

任务情境

一、任务描述

一辆 2010 款丰田卡罗拉 GL 轿车，装备 1ZR-FE 汽油电控发动机，客户反映发动机不能启动，点火开关转到启动挡，发动机没有反应。你能排除这个故障吗？

二、任务提示

本例中，造成这个故障现象的原因很多，要想快速找到故障原因，必须学习诊断汽车故障的方法。

任务目标

一、知识目标

（1）能描述汽车故障诊断的概念。
（2）能描述汽车故障诊断的基本原则。
（3）能描述汽车故障诊断的基本思路。
（4）能描述汽车故障诊断的基本方法。
（5）能描述汽车故障诊断的注意事项。

二、能力目标

能将汽车故障诊断的知识和方法应用到实际故障诊断工作中。

必备知识

一、基本知识

1. 汽车故障诊断的概念

汽车故障诊断，指在不解体（或仅拆卸部分零件）的条件下，通过检测和试验等综合方式，进行判断、推理、逻辑分析，确定汽车技术状况，找出故障发生的准确部位，查明故障产生的原因，为尽快修复汽车提供可靠依据。

故障诊断是汽车维修中的关键步骤；是汽车修理前的确诊环节。

随着汽车技术的发展，汽车结构日益复杂，汽车电子技术、电控系统也越来越复杂，因此单凭经验诊断汽车故障越来越困难。在汽车故障维修排除中，查找故障点和原因的时间占70%，而维修和排除故障的时间只占30%。因此故障诊断的地位越来越重要。

2. 汽车故障诊断的基本原则

汽车故障诊断的原则可以概括如下十大基本原则：
搞清故障现象；
询问故障来由；
熟悉工作原理；
排除特殊情况；
仔细逻辑分析；
坚持从简到繁；
适宜由表及里；
判断准确合理；
忌讳大拆乱拆；
切勿随意换件。

故障诊断的基本原则要求维修人员做到：

1）抓住引起故障现象的外在特征

首先应全面搜集了解故障的全部现象，弄清故障出现的前提条件，在允许的情况下，可以改变汽车的工作状况，以了解汽车故障现象的变化，从中抓住故障现象特征，如是否冒烟，发动机是否抖动，有无高压点火，灯泡亮不亮等。

2）分析造成故障原因的内在本质

一个故障总是由一些实质性的原因造成的，必须经过仔细分析后再确定故障，以免走弯路，而要准确地抓住故障关键，必须熟悉汽车的结构、原理及工作所具备的条件，如发动机冒黑烟，本质上是混合气过浓；轮胎单边磨损的原因是汽车底盘前束和倾角数据不正确。

3）避免盲目性

在诊断故障过程中。尽量避免盲目拆卸，以免造成人力，材料和时间的浪费；同时防止因不正确的操作和拆装造成新故障的产生。

3. 汽车故障诊断的基本思路

根据汽车故障诊断的基本原则，汽车故障可以根据如图 1-2-1 所示的思路进行。

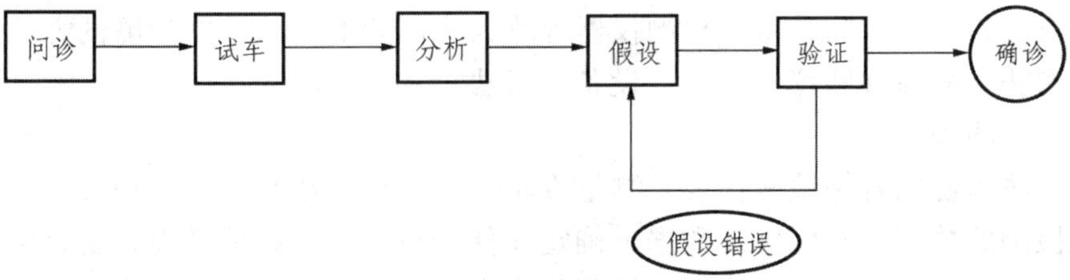

图 1-2-1　汽车故障诊断思路

根据故障诊断的思路和原则，要想实现故障快速、准确诊断，必须具备以下条件：

（1）熟悉汽车结构和工作原理，能判定故障现象相关的系统或总成范围，掌握判定对象的机、电、液结构和工作原理，这是进行故障诊断的前提。

（2）具有清晰的检测和诊断思路，明确检测参数、正确的检测方法、参数检测顺序、参数测量值的变化形式和正常范围等，这是实现快速、准确故障诊断的关键。

（3）具有较强的综合分析、逻辑推理和判断能力，它一方面直接决定着诊断结论的准确性，同时也影响着检测思路，这是实现快速、准确、有效故障诊断的核心。

（4）基本的拆装技巧和操作经验，在故障诊断过程中，免不了要拆装一些部件和设备，不能轻松拆卸和操作，不仅会增加诊断难度，还可能会产生新的故障。

4. 汽车故障诊断的基本方法

汽车故障诊断的基本方法可以归纳为 4 大类：主观诊断法，客观诊断法，随车自诊断法，综合分析诊断法。

1）主观诊断法

主观诊断法又称人工经验诊断法，是诊断人员凭借丰富的实践经验和一定的理论知识，在汽车不解体或局部解体的情况下，借助简单的检查工具，主要采用眼看、耳听、手模、鼻闻等手段，通过感官体验，进行检查、试验、分析，确定故障原因和部位的诊断方法。人工经验诊断法既是汽车故障诊断的传统方法也是基本方法，即使在现代仪器诊断技术飞速发展的今天，也不可能取消人工经验诊断方法。人工经验诊断是汽车故障诊断的基础，它可以对汽车故障做出初步的判断和定性的分析。主观诊断法分为直观法和经验法。

（1）直观诊断法。

直观诊断法是在原地或通过道路实验，依靠观察和感觉，或者采用简单的工具来诊断故障。其特点是不需要什么设备，也不受场地等条件的限制，随时随地都可以进行诊断，但是对复杂故障的诊断速度慢，诊断的准确性在很大程度上取决于诊断人员的经验，对于潜伏和隐蔽的故障无法查实，往往需要通过解体检查才能发现。

采用直观诊断时，首先要搞清故障的表现，有何特征及伴随症状，然后由简到繁，由表及里，逐步深入，进行推理分析，最后做出判断。

（2）经验诊断法。

经验诊断法，顾名思义指凭借维修人员的基本素质和丰富经验，快速准确地对汽车故障做出诊断。丰富经验是在不断实践中积累和提高的。

2）客观诊断法

客观诊断法指借助诊断设备、检测仪器等非人为因素的方法诊断故障的方法，客观诊断法有仪表检测法、故障诊断仪诊断法、设备分析法。

（1）仪表检测法。

仪表检测法指使用各种检测仪表，测量汽车元件、单元或总成的各种电压、电阻、电流数据，根据检测的数据，对照标准数据，确定元件、总成或系统的性能是否正常，从而分析判断故障的方法。汽车故障诊断常用的检测仪表有万用电表、燃油压力表、机油压力表、自动变速器油压表、发动机真空度表、空调压力表、气缸压力表、正时枪、轮胎气压表等。如图 1-2-2 所示为汽车专用万用电表，可以测量电器元件的电阻、电压、电流、温度、频率、导通等数据。

图 1-2-2　汽车专用万用电表

（2）故障诊断仪诊断法。

故障诊断仪俗称解码器，是对电控单元进行故障诊断的仪器。汽车的电控系统是一个相当复杂的系统，电控单元（也称行车电脑或 ECU）在完成各项控制功能的同时，还带有诊断功能，即控制系统中有一套监控程序，能对系统中的传感器、执行器及电路和 ECU 自身情况进行监测，如果被监控的电路信号超出正常范围，ECU 将把异常信息记录并储存起来，同时运行备用程序维持车辆基本工作，诊断故障时，连接故障诊断仪器，可以从 ECU 中提取这些储存的信息，进行解码，就可以获取故障信息。

故障诊断仪分为通用型故障诊断仪和专用型故障诊断仪。

通用型故障诊断仪指可针对多种车型进行诊断的故障诊断仪。如图 1-2-3 所示为汽车修理厂常见的通用型故障诊断仪。

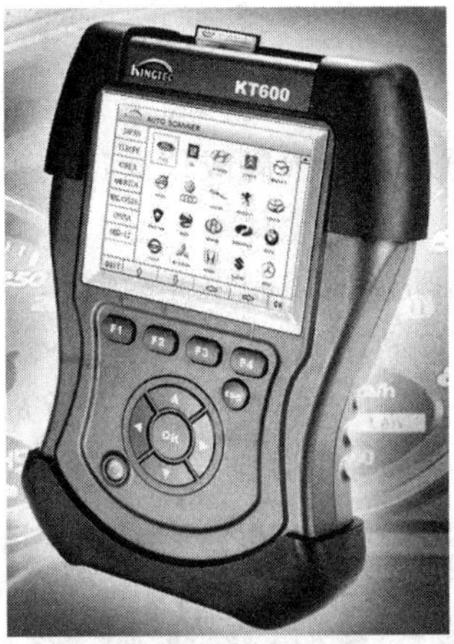

图 1-2-3　修理厂常用的通用型诊断仪器

专用型故障诊断仪指专门针对某一品牌汽车进行诊断的故障诊断仪。专用型故障诊断仪只能在厂家规定的车型上使用。目前各汽车厂商几乎都有自己的专用故障诊断仪，如图 1-2-4 所示为几款专用的故障诊断仪。

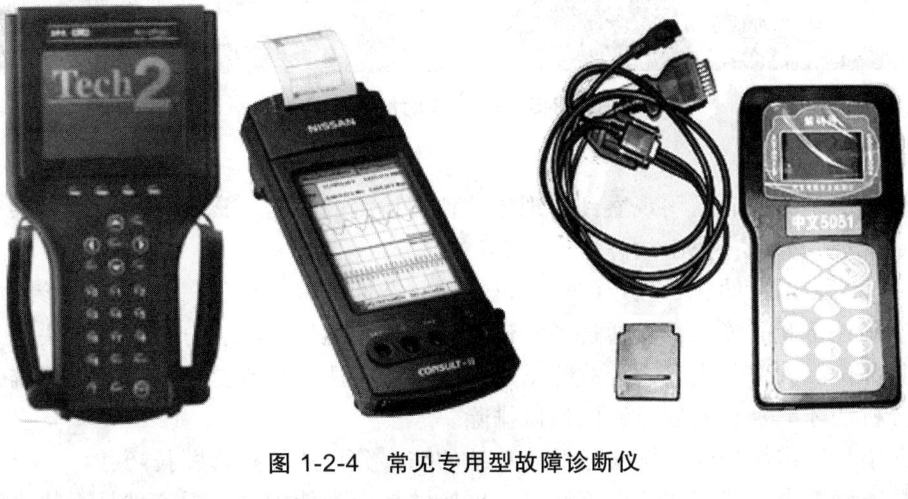

图 1-2-4　常见专用型故障诊断仪

利用诊断仪诊断故障具有方便、快捷、准确、先进等优点，但也存在局限性。诊断仪诊断的故障码只表明某部分电路有故障，并不能具体指出故障的准确位置，需要维修人员继续分析判断。另外，ECU 只能检测到信号的范围，不能检测到被测信号的变化特性，即只对值域和时域超过有效范围的信号设置故障码，对没有超出有效范围却不合理的信号数据则无法判断。因此诊断仪所诊断的故障码只是一个参考，不能完全依赖诊断仪诊断的故障码，还需做更进一步的检测。

（3）设备分析法。

设备分析法与仪器检测法的区别在于所使用的仪器设备既有检测数据、诊断故障，又有调整、修复、参考、分析等功能 。设备分析法所利用的设备一般为综合性诊断装备，功能比较齐全。汽车维修企业常用的检测设备有发动机综合分析仪；四轮定位仪；喷油器检测清洗仪；发动机尾气分析仪；轮胎动平衡机等。

3）随车自诊断法

随车自诊断法指利用汽车电控系统自身的诊断系统诊断故障的方法。汽车电控单元多且复杂，都设有自诊断功能，可以通过人工读码或仪器读码的方法，读取电控单元储存的故障信息，并根据其分析判断故障。

汽车各控制系统具备自我诊断功能，控制单元故障信息可以通过人工读码的方式读取故障代码，获取故障信息，一些高端车辆还设置有信息中心，车辆状况信息还储存在信息中心，车辆产生故障，仪表警告灯会点亮，通知车主检测并排除故障，通过设置按键，获取车辆各类信息，包括故障信息。如图 1-2-5 所示为奥迪车辆信息中心。

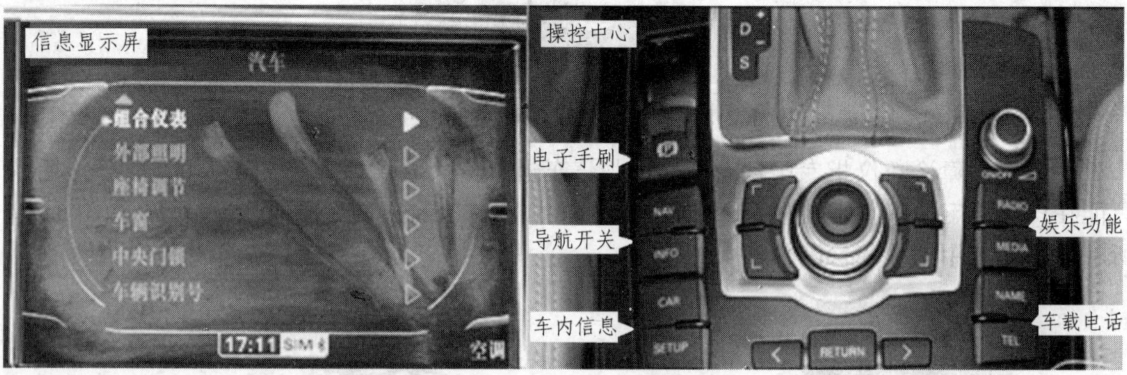

图 1-2-5　奥迪车辆信息中心

4）综合分析法

综合分析法是结合、运用观察到的现象、仪器检测的数据、诊断仪的诊断结果等，通过综合判断、推理、分析，找出故障原因和部位。

汽车故障是多因素的、不确定的、随机性、复杂性和综合性的，仅凭单一诊断方法，不能完全、准确地诊断故障，需要通过各种诊断方法交互运用，综合分析，才能快速、准确地查找到故障部位。大部分汽车系统故障是通过综合分析法，特别是比较复杂的疑难杂症只有通过综合分析法才能查找到故障原因加以排除。

以下介绍汽车维修技师根据实际经验总结的综合分析法故障诊断技巧：

（1）故障诊断中应特别注意以下情况：更换件是否为伪劣件；拆装件是否装错（左右、前后、上下方向装反）；配合件是否对准装配记号；是否按厂家要求更换了一次性使用拆装件（重要螺栓螺母、轴销、密封垫、O 形垫圈等）；是否按厂家要求成对更换配件（如减震弹簧）；修后是否进行平衡试验（如轮胎）。排除以上因素后，再行分析检查其他部位。

（2）对于久未修好的车辆，也就是所谓的“疑难杂症”，不要先忙着检查试车，应首先查验轿车的 VIN 码（即 17 位码），弄清厂牌、车型、年份，并进行问诊。这类车往往是“路边店”盲目拆装后造成了复杂故障，且拆换件又多为伪劣件，所以应向车主声明修理条件（能不能修、几时修复等），以防止“嫁祸于已”，此类教训甚多，有必要防患于未然。

（3）对乱接或自接车内电器（主要是防盗器）及音响的轿车，应首先检查搭接部件和搭接件线路，并排除故障。因乱接电器和音响极易造成车用控制模块（电脑）失效和其他电器烧损，所以应首先排除此类故障，再修理更换其他损坏件，可避免重复返工返修。

（4）从汽车加装件查起，汽车加装件往往是故障高发区。如有些小排量的车辆，为适应市场需要加装了原先没有空调装置，却对发动机未作改进。加装空调后功率消能增加，造成原发动机功率不足，空调效果不佳，空调离合器反复吸合，极易烧损，所以通过空调吸合声，可迅速判断故障部位。又如有些车辆加装涡轮增压器后，部分配件质量不佳，易发生漏气和轴承烧损故障，所以车辆爬坡和加速时发动机乏力（从声响可判断），可首先观察检查涡轮增压器有无窜气和异响。

（5）对高档轿车因碰撞和猛烈震动后熄火并不能启动的故障，应首先检查安全锁止装置（如自动断油的惯性开关），不要先盲目查找其他部件故障。其实只要让安全锁止装置复位，发动机就能启动。

（6）注意劣质燃油引起的故障。

进口轿车和合资轿车早期发生怠速不良、加速迟滞等故障，首先从易产生积碳、积胶的喷油器、空气流量计、进气压力传感器、节气门体进行检查并清洗积碳、积胶，这类故障通常是由于我国燃油品质量不高造成。

（7）从国产件查找故障。

合资生产的轿车在实行国产化的过程中，确实有部分装车的国产件质量不高。这一点可从国产件替代前后的现象对比中发现，如某合资品牌车上的碳罐改用国产件后，噪音大，易漏油，所以发动机发生异响时，首先检查碳罐是否工作正常。

（8）从改装件查找故障。

对自主改装车，如汽改柴，加氟空调改装用 R134 冷却剂，车辆发生动力不足，电器烧损，空调效果不佳或损坏，应先查找电压转换器、改代电路和空调改代部件是否合格。

（9）从设计制造的薄弱部位查找故障。

汽车如同所有产品一样，因各种原因，总存在某种缺陷或相对薄弱的部位，这便是故障高发区。如某国产品牌轿车车架板材较薄，前部易变形，所以发生方向偏重，轮胎偏磨时，应首先检查转向架上的联结部分和车架前区变形情况。如发动机缸盖处发生异响，应先检查中间轴、凸轮轴异常磨损，因两者先天存在润滑不良问题。

以上说明各车型均存在故障高发部位（即所谓的“通病”），掌握具体车型的故障规律可避免维修中的盲目性，迅速准确地排除故障。

（10）善于总结排除故障的规律。

对修理电控发动机总结了“五先五后”经验，即检查发动机时，先检查机械部件，后检查电喷元件；检查电控系统时，先提取故障码，后针对性检查电喷元件和线路；检查油电路故障时，先检查电路后检查油路；检查电控元件时，先检查插接件，后检查电测元件性能；检查电气线路故障时，先检查看电路图，后用仪器检查。

5. 汽车故障诊断的注意事项

（1）诊断、测试及排除故障时要在绝对保证安全的条件下进行，使用专用诊断仪器时不应一个人操作。

（2）进行汽车故障诊断时，应尽量避免拆卸零件，禁止随意大拆大卸。

（3）诊断故障前要先搞清故障部位的工作原理及结构类型，做到心中有数。对于重要系统（如电控系统），若无生产厂家详细维修资料时，最好不要动手维修。

（4）故障的判断要有充分的依据，不要乱拆、乱接、乱试，胡拆乱卸不但排除不了故障，反而有可能造成新的故障或损坏。

（5）有些故障与汽车及各总成的工作原理没有任何关系，而是主要根据经验来判断，特别是长期维修某一车型的技术人员，有时只听故障现象介绍就可以准确判断故障部位及原因。因此，在进行故障判断时，不要总往复杂方面想，应从简到繁由表及里，逐步深入。

（6）电控系统发生故障时，先检查执行机构是否良好，导线接触是否良好等，不要轻易怀疑是电控系统（特别是 ECU）故障，因为电控系统工作可靠，出现故障的可能性一般很小。

（7）某些对汽车总成或零部件有伤害的故障不要长时间或反复测试，否则将使故障更加严重，造成更大的损失。

（8）正确对待蓄电池的拆装条件，不可随意使用短接法、划火法、断电法、供电法检测线路。

（9）正确使用万用表、测试灯、二极管检测灯、诊断仪、示波器及其他检测仪器；分清各检测仪器的使用范围。

（10）故障分析时，要追究导致故障产生的深层原因，不要头疼医头，脚疼医脚，否则可能会导致故障的反复出现。

二、基本技能

故障诊断步骤

以下以丰田卡罗拉不能启动（点火开关启动挡，起动机不转）为例，介绍故障诊断步骤。

1）准备工作

（1）防护装备：工作服、工作帽、手套、劳保鞋。

（2）实训设备：1ZR-FE 发动机一台，或同类发动机、万用表。

（3）手工工具：拆装工具一套。

（4）辅助材料：翼子板布和前格栅布、三件套、抹布、手套、白板笔。

2）实施步骤

注意：请按举升机使用规范及车辆防护标准操作。

本节只介绍诊断思路，相关元件检测请参照相关的内容。

（1）点火开关转到启动挡，验证故障现象。

如图 1-2-6 所示。

（2）对于手动变速器，检查是否踩下离合器踏板（确认启动开关正常）；对于自动变速器，挡位是否在 P 或 N 挡（确认挡位开关正常）。正常则进行下一步。

（3）检查蓄电池是否正常。

如图 1-2-7 所示，检查蓄电池桩头连接，以及蓄电池电压（11V 以上）。如果正常，进行下一步。

图 1-2-6　启动发动机检查起动机的工作情况

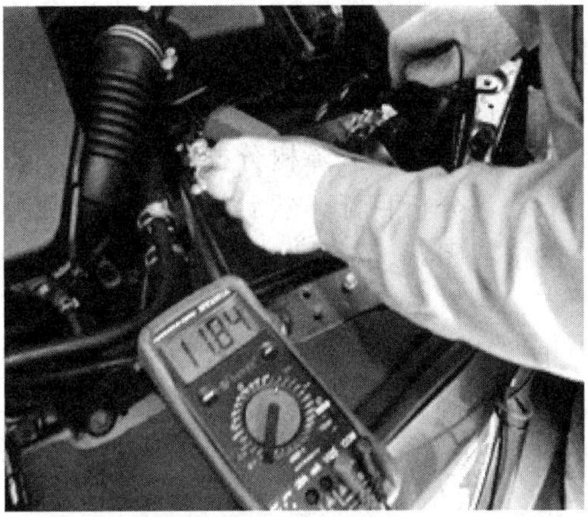

图 1-2-7　万用表检查蓄电池

（4）检查起动机及起动电路。

如图 1-2-8 所示，检查起动机及起动线路。如果正常，则控制模块及电路不良。

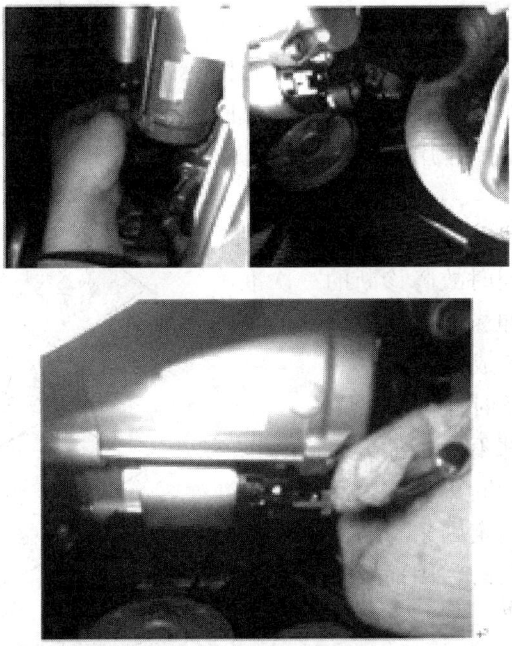

图 1-2-8　起动机及起动线路

三、拓展知识

1. 故障树分析法

故障树分析法（FTA）是美国贝尔电报公司的电话实验室于 1962 年开发的，它采用逻辑的方法，形象地进行分析工作，特点是直观、明了，思路清晰，逻辑性强，可以做定性分析，也可以做定量分析。

汽车故障树诊断法是汽车故障诊断最常用的分析方法。汽车故障树诊断法又称汽车故障树分析法，它是将系统故障形成的原因由总体至部分按树枝状逐级细化的分析方法，其目的是判明基本故障，确定故障的部位和原因。它是对复杂系统进行故障诊断的有效工具。

汽车故障诊断的故障树分析法将汽车最直接的故障现象作为分析目标，然后寻找直接导致这一故障发生的全部因素，再寻找造成下一级事件的全部直接因素，一直追查到那些最基本的无需再深究的因素为止，其结果是反映汽车故障因果关系的树枝状图形——故障树。

如图 1-2-9 所示为发动机无法启动故障诊断故障树分析。

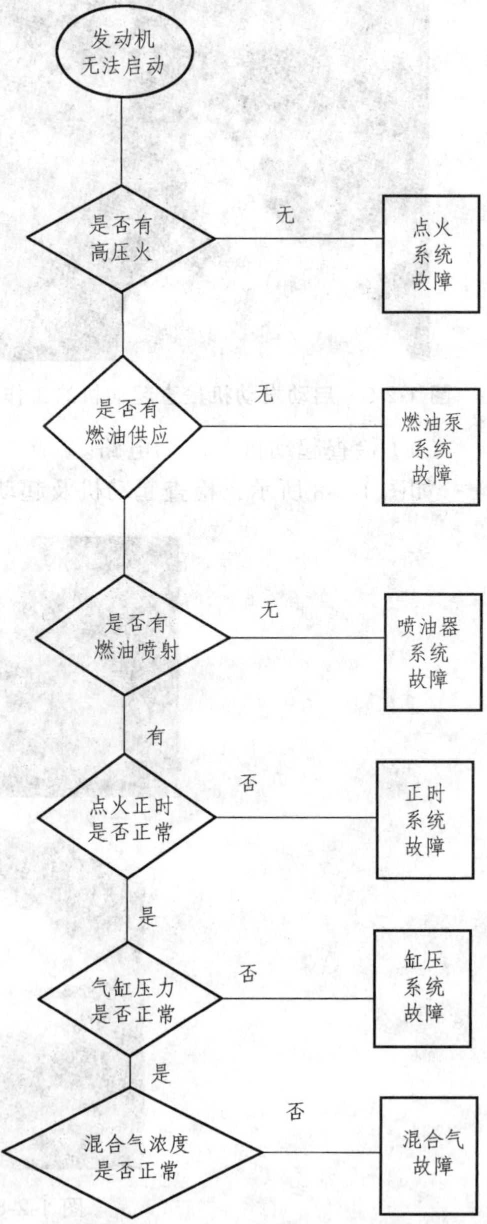

图 1-2-9　发动机无法启动故障树分析图

2. 汽车故障诊断的思维模式

1）汽车故障诊断的特殊性

（1）诊断的及时性。

现代汽车维修企业竞争越来越激励，客户要求越来越高，这迫使维修工对故障能迅速诊断，否则可能失去一位客户，影响企业效益，而快速的诊断技术对提高生产效率起着重要作用。

（2）诊断的准确性。

准确诊断汽车故障对减少损失、降低维修成本、提高维修效率至关重要，同时故障诊断的一次准确性可以避免故障扩大和延伸，而一次准确率的提高还可以增强维修工的信心和成就感。

（3）故障诊断改正的及时性。

任何修理厂或维修工都不能保证无返修，也不可能百分之百地保证一次诊断正确，因为故障诊断与排除过程中存在太多不确定因素，而有些因素又是维修人员和企业力所不及的，因而及时地改正或采取补救措施，也至关重要。

2）汽车故障诊断的思维模式

故障诊断的特殊性决定了汽车故障诊断需要一定的思维模式。

故障诊断的思维模式是指故障诊断过程中的检测手段、判断逻辑、推理方向、分析思路、诊断切入点等的总和。

理论是故障诊断思维的基础，技能是故障诊断思维的载体。

汽车发展到今天，汽车维修已经从凭经验、靠更换配件解决问题发展到靠技术、靠资料、靠专用工具、靠诊断仪器和设备，并通过综合检测、诊断、分析，从而得出结论排除故障的时代。汽车维修已从原始体力劳动彻底变革为全面的脑力劳动。汽车故障诊断技术的水平，10%靠知识，90%靠思维。

四、学习小结

（1）故障诊断是汽车维修中的关键步骤；是汽车修理前的确诊环节。

（2）汽车故障诊断的基本方法可以归纳为4大类：主观诊断法、客观诊断法、随车自诊断法、综合分析诊断法。

（3）汽车故障诊断的原则可以概括如下十大基本原则：搞清故障现象、询问故障来由、熟悉工作原理、排除特殊情况、仔细逻辑分析、坚持从简到繁、适宜由表及里、判断准确合理、忌讳大拆乱拆、切勿随意换件。

（4）主观诊断法分为直观法和经验法。

（5）客观诊断法指借助诊断设备、检测仪器等非人为因素的方法诊断故障的方法，客观诊断法有仪表检测法、故障诊断仪诊断法、设备分析法。

（6）故障诊断仪分为通用型故障诊断仪和专用型故障诊断仪。

五、任务分析

本情境中，要快速准确排除故障，应按照“发动机无法启动故障树分析图”，根据流程从简单到复杂进行故障诊断。

六、自我评估

1. 填空题

（1）故障诊断是汽车维修中的_________；是汽车修理前的 _________。

（2）汽车故障诊断的基本方法可以归纳为4大类：_________，_________，_________，综合分析诊断法。

（3）主观诊断法分为_________和_________。

（4）客观诊断法有_________、_________、_________。

（5）故障诊断仪分为_________故障诊断仪和_________故障诊断仪。

2. 判断题

（1）熟悉汽车结构和工作原理，这是进行故障诊断的前提。（　　）

（2）维修经验对于现代高级轿车维修并无多大用处。（　　）

（3）具有较强的综合分析、逻辑推理和判断能力，是实现快速、准确故障诊断的核心。（　　）

（4）主观诊断法又称人工经验诊断法，主要是通过诊断仪对故障进行分析。（　　）

（5）对于有经验的修理工来说工作原理并不重要。（　）

3. 选择题

（1）在对汽车进行故障诊断时，应（　　）。

A. 尽可能多地检测　　B. 尽可能多地分析判断

C. 尽可能多地替换配件　　D. 尽可能少地拆卸零件

（2）在对汽车进行故障诊断时，最好首先进行（　　）。

A. 直观诊断　　B. 经验诊断

C. 配件置换法诊断　　D. 解码器读码诊断

（3）要想快速、准确、有效地诊断汽车故障，必须：（　　）。

A. 熟悉汽车结构和工作原理　　B. 熟练的拆装技巧

C. 具有清晰的诊断思路　　D. 储备齐全的汽车备件

E. 具备较强的综合分析、逻辑推理和判断能力

（4）汽车故障诊断的基本思路包括：（　　）。

A. 问诊　　B. 推理分析　　C. 计算

D. 假设　　E. 验证

（5）如下哪个不是汽车故障诊断的基本方法：（　　）。

A. 直观诊断法　　B. 经验诊断法　　C. 换件法　　D. 仪器诊断法

（6）下列哪项不属于汽车故障诊断的基本原则（　　）。

A. 问清故障缘由　　B. 由简到繁　　C. 多换备件　　D. 逻辑分析

（7）组合仪表 SRS 故障灯点亮，可通过（　　）诊断故障。

A. 直观诊断法　　B. 仪表测量法　　C. 诊断仪诊断法　　D. 设备分析法

（8）对汽车进行故障诊断前，要先了解车辆的（　　）等基本信息。

A. 车型　　B. 年款　　C. 燃油量　　D. 行驶里程　　E. 配置

学习项目二　汽车发动机故障诊断

本学习项目介绍汽车发动机故障诊断，包含 4 个工作任务：工作任务一为发动机不能启动故障诊断；工作任务二为发动机启动困难故障诊断；工作任务三为发动机怠速不良故障诊断；工作任务四为发动机加速不良故障诊断。学生学习了本学习项目后，能够掌握汽车发动机故障诊断与维修技术。

工作任务一　发动机不能启动故障诊断

任务情境

一、任务描述

一辆丰田卡罗拉轿车，配 1ZR-FE 发动机，行驶里程 10 万 km，拖至维修店，客户反映发动机不能启动。经检验，没有着火迹象，此故障车交给你，你如何排除故障？

二、任务提示

发动机无法启动指起动机运转正常，发动机转速正常，但不能正常启动，并且没有着车的迹象。一般发动机无法启动，本质在于发动机气缸内，并没有发生点火燃烧的做功工作，而且不排除故障，将一直无法工作。

任务目标

一、知识目标

（1）能够描述电控发动机正常工作的基本条件。
（2）能够描述电控发动机不能启动的故障现象及检修部位。
（3）能够描述诊断与排除发动机不能启动的故障思路及方法。

二、能力目标

能根据故障现象，分析并排除发动机无法启动的故障。

必备知识

一、基本知识

1. 汽油发动机正常工作的必要条件

汽油发动机能正常启动并稳定的工作，需要具备4个必要的条件，缺一不可：

① 强大而稳定的点火能量；

② 合适空燃比的混合气；

③ 足够的气缸压力；

④ 准确的点火正时及进气正时。

4个必要条件对发动机不能启动的影响各不相同：

（1）气缸压力。

气缸压力是发动机产生压缩和做功的前提条件，所有内燃机都需要具备气缸压力的环境，才能有压缩做功，才有发动机的运转工作。发动机的气缸压力一般随着发动机的工作磨损，会越来越降低，但不会突然消失，气缸压力下降，对发动机的运行，做功和动力均有一定的影响，对发动机的启动也有影响，缸压过低，发动机启动会更困难，但只要有气缸压力，就不会造成发动机不能启动，因此气缸压力非发动机不能启动的关键因素。

（2）正时机构。

发动机正时包括点火正时和进气正时，错误的点火正时及进气正时，将导致发动机不能准确启动，并可能导致发动机运转异常产生严重故障，一旦正时错误，发动机在启动时，将会产生异常的表现，如异响，进气管回火、排气管放炮、曲轴反转等。

正时错误虽然造成发动机不能正常启动，但发动机仍然有做功动作，只是错乱做功，所以正时对于发动机不能启动的影响是复杂的，正时错误的表象在启动时能够体现出来。

（3）混合气。

发动机启动时，燃烧的混合气浓度过浓或过稀都将影响发动机正常启动，混合气的浓度，关键在于燃油量的大小，因为启动时，节气门处于关闭状态，或小开度，进气量是恒定较小，混合气浓度主要由喷油量决定，因此混合气影响启动的主要因素是喷油。

（4）点火能量。

点火能量对发动机启动有着绝对的重要作用，特别是有无高压点火，直接造成发动机能否启动，点火能量的大小，只是决定发动机工作性能，而有无点火，决定发动机能否着火。

综上所述发动机不能启动的关键是燃油与点火的因素。在诊断与排除发动机不能启动的故障时，主要是要检测和诊断燃油与点火系统故障。

2. 发动机不能启动的故障现象及检修部位

提示：

发动机不能启动的检修重点是查看有没有启动的征兆，即发动机有“突突”的声音，有启动的迹象。

无启动征兆：机械、点火、供油3个系统中，有一个系统以上完全失效。

有启动征兆：机械、点火、供油3个系统，有一个系统以上达不到工作条件。

发动机不能启动的故障症状和怀疑部位如下：

1）故障现象 1

症状：启动时，发动机不转或转动缓慢。

怀疑部位：

（1）蓄电池亏电。

排除方法：蓄电池充电或更换。

（2）起动机及线路。

排除方法：检修线路；检修或更换起动机。

（3）点火开关及线路。

排除方法：检修线路；更换点火开关。

（4）挡位 P/N 开关（AT）或离合器开关（MT）。

排除方法：检修线路；更换开关。

（5）发动机机械“抱死”。

排除方法：分解检修发动机机械。

（6）防盗触发（某些车型如上海通用等防盗系统触发时启动线路被锁止）。

排除方法：合法钥匙启动；根据程序解除防盗。

2）故障现象 2

症状：启动时，发动机可以拖转但不能成功启动。

怀疑部位：

（1）发动机机械：气缸压力不足。

排除方法：检修发动机机械部分。

（2）点火系统：火花塞是否跳火。

没有跳火：曲轴位置传感器、点火线圈、ECM 等有关元件和电路。

有跳火：火花太弱或点火正时不正确。

排除方法：检修点火系统。

（3）燃油系统：是否建立合适的油压。

没有合适油压：油箱、汽油滤清器、燃油泵及控制电路（部分车型装备油路惯性开关，碰撞时切断油路）。

有合适油压：喷油器电源和控制信号以及相关电路元件。

排除方法：检修燃油系统；必要时更换油泵。

（4）防盗触发：绝大部分车型防盗触发时，发动机控制单元锁止喷油信号，发动机会启动 2 s 左右再熄火（没有喷油信号）。也有的车型同时锁止点火和起动机电路。

排除方法：合法钥匙启动；根据程序解除防盗。

二、基本技能

卡罗拉发动机不能启动故障诊断步骤

以下以丰田卡罗拉为例，介绍发动机不能启动的故障诊断步骤。

1）准备工作

（1）防护装备：工作服、工作帽、手套、劳保鞋。

（2）车辆、台架、总成：卡罗拉整车或发动机台架。

（3）检测设备：KT600 诊断仪、万用表。

（4）手工工具：拆装工具一套。

（5）辅助材料：翼子板布和前格栅布、三件套、抹布、手套、白板笔。

2）诊断步骤

提示：

以下步骤以从简单到复杂的原则，实际检修根据情况进行，不一定严格按步骤进行。

（1）排除防盗系统触发的原因。

检查防盗指示灯是否闪烁，如果闪烁则防盗系统触发，必须用正确的点火钥匙启动发动机或特定的程序解除防盗系统。

（2）排除启动系统原因。

分别检查以下内容：

a. 蓄电池。

b. 起动机及线路。

c. 点火开关及线路。

d. 挡位 P/N 开关（AT）或离合器开关（MT）。

（3）排除控制系统原因。

连接诊断仪器，读取故障码，如果有和发动机不能启动相关的故障码（如曲轴位置传感器等），根据故障码内容检修。

如果诊断仪器不能和发动机控制单元通讯，则检查控制单元及线路。

（4）排除发动机机械原因。

检测气缸压力，如果发动机不能运转或发动机气缸压力不足，拆检发动机机械部分。

（5）排除点火系统原因。

测试火花塞是否跳火。

a. 如果没有跳火，检查曲轴位置传感器、点火线圈、ECM 等有关元件和电路。

b. 如果有跳火，检查火花是否太弱，如果火花弱则检查或更换火花塞、点火线圈及线路；检查点火正时，如果不正确则拆检正时机构重新对正时。

（6）排除燃油系统原因。

检查燃油压力。

a. 如果没有合适油压，检查油箱燃油量、汽油滤清器、燃油泵及控制电路。

b. 如果有合适油压，检查喷油器是否喷油，如不喷油则检查电源和控制信号。

三、拓展知识

更换发动机 ECU 后续工作

发动机不能启动，如果确定发动机 ECU 有故障，需要更换 ECU，不能直接更换 ECU 后启动发动机，由于发动机 ECU 带防盗功能，新的发动机将不能工作，需要做防盗匹配设置，发动机 ECU 才能正常工作。

大部分车辆的防盗匹配需要使用厂家诊断仪器进行编程操作，少数车辆可以用人工的方法进行匹配。以丰田车为例，发动机 ECU 的防盗匹配方法如下：（无法匹配成功的，需要使用仪器）

（1）断开蓄电池电源。

（2）更换新的 ECU，接上蓄电池。

（3）使用专用短接线，短接 OBD 诊断座的 4#与 13#端子；如图 2-1-1 所示。

（4）点火开关 ON，等待 30 min 以上（关闭车门，以防蓄电池漏电）。

（5）观察组合仪表，发动机故障灯是否闪烁。

（6）30 min 后，发动机故障指示灯熄灭，关闭点火开关。

（7）启动发动机，发动机正常工作。

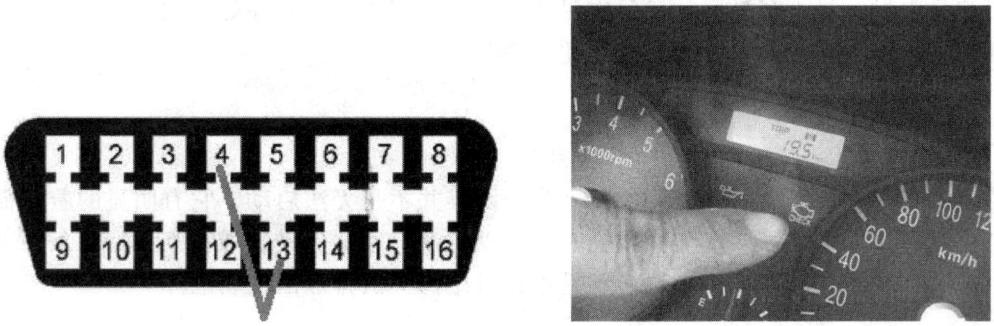

图 2-1-1　田更换发动机 ECU 人工匹配

四、学习小结

（1）发动机正常工作的必要条件有：高能点火，合适混合气、气缸压力、点火正时。

（2）发动机不能启动有两种情况：启动时发动机不转或转动缓慢；启动时发动机可以拖转但不能成功启动。

（3）发动机无法启动，按简单到复杂的顺序排除各系统故障。

五、任务分析

本情境中，发动机机械、点火、燃油 3 个系统中至少有一个系统失效。在确认起动机工作正常的前提下，根据从简单到复杂的原则，分别检查机械、燃油和点火系统，查找故障原因。

六、自我评估

不定项选择题

（1）下列哪些条件是电控汽油发动机正常启动的必要条件（　　）。

A. 强大稳定的点火　　B. 防盗未锁止　　C. 合适的混合气

D. 仪表灯指示　　E.　油箱有油　　F. 足够的气缸压力　　G. 准确的正时

（2）造成卡罗拉发动机既无点火，又无喷油的故障原因，可能的有（　　）。

A. 发动机 ECU 故障　　B. 防盗触发　　C. 无转速信号

D. 组合仪表故障　　D. 可变正时系统故障

工作任务二　发动机启动困难故障诊断

任务情境

一、任务描述

一辆丰田卡罗拉 GL 轿车，装备 1ZR-FE 汽油电控发动机，行驶里程 15 万 km，进厂维修，客户反映发动机不容易启动，每次启动好几次才能着车，以往是一次点火就发动。如果这张派工单给你，你将如何诊断并排除此故障？

二、任务提示

启动困难是电控发动机常见的故障，启动困难并不是无法启动，它有明显的着车征兆，但不能启动，或需要连续多次启动或长时间转动启动机才能启动，或在某种特定条件下才好启动，总之不同于无法启动，无法启动是不经过维修无法排除的启动故障。

任务目标

一、知识目标

（1）能描述发动机启动困难的常见原因。

（2）能描述诊断发动机启动困难的故障思路。

二、能力目标

（1）能根据发动机启动表象，分析发动机启动困难的原因。

（2）能根据诊断思路查找排除发动机启动困难的故障。

必备知识

一、基本知识

发动机起动困难故障现象及原因分析

发动机启动困难的常见故障包括：冷车启动困难；热车启动困难；间歇性或任何时候都启动困难。

1）故障现象 1

症状：冷车启动困难。

怀疑部位：

发动机在低温状况下，机械结构紧密，运转阻力大，需要较优先的启动条件，当这些优先条件不成熟时，冷车启动就变得困难，为保证发动机在温度低的情况下启动性好，发动机 ECU 设定了冷车启动程序，即温度传感器监测发动机温度，低温时，发动机 ECU 调整混合气，便于提高启动性能。当温度监测及应变环节出现故障，则产生冷车启动困难的故障现象。

汽油发动机冷车启动困难的主要故障原因有：

（1）起动机转速过低。

发动机在冷车时，机械零件运转阻力大，需要较大的起动机运转力矩，而冷车时蓄电池电压也相对较低，使得发动机转动较慢，影响启动性能，故在冷车启动时，首先排除起动机运转转速过低故障。起动机转速过低的故障原因有：

a. 蓄电池电压过低或存电不足。

b. 蓄电池接线柱接触不良。

c. 发动机电源、搭铁线不良。

d. 起动机性能变差。

排除方法：

检修启动系统，必要时更换蓄电池或起动机。

（2）点火性能不良。

电控发动机在低温启动时，需要更大的点火能量，点火过弱则会引起发动机冷车启动困难，冷车启动困难的点火系统故障有：

a. 点火线圈性能不良。

b. 火花塞型号不对。

c. 高压线漏电。

d. 点火模块不良。

e. 发动机 ECU 故障。

排除方法：

检修点火系统，根据检查结果更换可疑元件。

（3）燃油供给不良。

燃油系统引起冷车启动困难的原因主要在于燃油保持压力不足，由于冷车多是车辆长时间没发动，燃油系统发生泄压，油压无法保证启动时的足够压力，造成冷车启动困难。

连接燃油压力表，测试燃油保持压力，30 min 内燃油压力下降 50%以上，则燃油保持压力不足。燃油系统引起冷车启动困难的故障原因有：

a. 燃油泵不良。

b. 燃油滤芯不良。

c. 燃油泵保压性能不良。

d. 回油调压阀不良。

e. 燃油品质差。

排除方法：

检修燃油系统，根据检查结果更换可疑元件。

（4）混合气浓度不良。

混合气的浓度直接影响到发动机的着火性能，混合气浓度不正常，过浓或过稀都会引起冷车启动困难的故障。如图 2-2-1 所示为通过火花塞反应出混合气的状况，混合气引起启动困难的故障原因和部位有：

a. 空气滤芯脏堵。

b. 燃油滤芯堵塞。

c. 喷油器堵塞。

d. 燃油蒸汽回收炭罐及控制线路故障。

e. 节气门过脏。

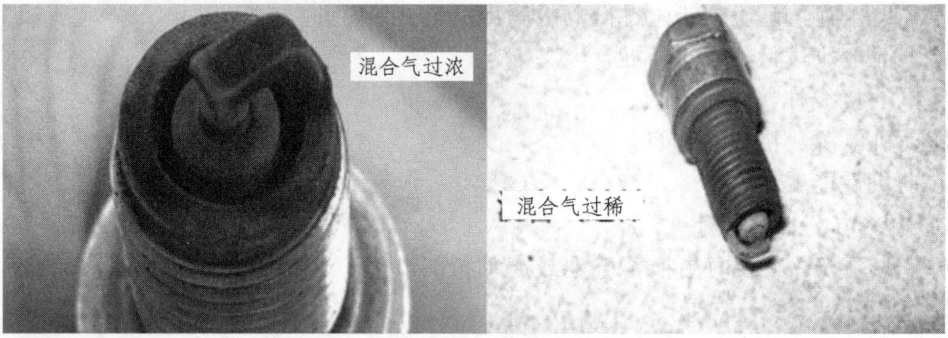

图 2-2-1 根据火花塞判断混合气浓稀

排除方法：

综合性故障，检修进气、燃油排放等系统，根据检查结果更换可疑元件。

（5）发动机 ECU 及控制线路不良。

电喷发动机的启动完全由发动机 ECU 控制，ECU 检测信号错误或不良以及 ECU 内部故障都会导致发动机冷车启动困难。ECU 及线路引起起动困难的故障有：

a. 水温传感器及线路故障。

b. 进气温度传感器及线路故障。

c. 发动机 ECM 及线路故障。

d. 怠速电机及其线路不良。

e. 电子节气门单元及线路故障。

排除方法：

进行故障自诊断，根据检查结果更换可疑元件。

（6）发动机机械故障。

冷车状况下，发动机机件比较紧凑，运转不够灵活，引起各方面工况不能达到最佳状态，发动机起动也比较困难。常见的发动机冷车启动困难的机械方面的原因有：

a. 气门关闭不严、气门积碳、胶质物等使气门关闭不够严密，引起气缸压力不足，导致启动困难，一旦发动机温度上升，积碳胶质物软化，气门状况变好，启动性能又得到改善。如图 2-2-2 所示为气门脚胶质物。

b. 机油润滑不良。

c. 涡轮增压器故障。

d. 可变进气系统故障。

e. 气缸压力不足。

f. 点火正时安装不准确。

图 2-2-2 气门积碳和胶质物

排除方法：

检修机械系统，根据检查结果更换可疑元件。

2）故障现象 2

症状：热车启动困难。

怀疑部位：

热车启动困难多与发动机及部件受高温发热影响引起性能变差有关。热车启动困难在发动机温度降低后，启动性能有所改善或恢复。热车启动困难的原因有：

（1）点火系统。

点火系统故障主要是点火线圈或点火控制模块高温发热后损坏、失效或性能变差，通过高压火花强度可以判断点火性能及元件性质。点火系统易发热部件有：

a. 点火线圈。

b. 点火模块（放大器）。

c. 主继电器。

排除方法：

检修点火系统，根据检查结果更换可疑元件。

（2）燃油系统。

燃油系统引起热车难启动的主要原因是燃油泵性能或燃油气阻引起供油不畅，而发生启动困难现象，主要故障原因和部位有：

a. 燃油泵电机。燃油泵电机因为高温发热，性能变差，运转不良，造成燃油压力下降，以致供油不畅，发生启动困难。或因燃油泵继电器发热工作不良，引起油泵工作不良。

b. 燃油气阻。燃油在油管内流动，当外界温度升高后，部分燃油在油管内挥发，形成燃油蒸气，挤占油管空间，形成一股股压力气体，即“气阻”，影响发动机供油。“气阻”多发生在夏季气温较高时段。对于燃油气阻现象应及时清洗燃油滤清器，保证油路畅通，这是最基本的防止办法。当然，也有一些可以参考的技巧。而一旦燃油系产生气阻时，应对燃油管路进行排气；或高速运行发动机，使油路畅通，消除“气阻”。

排除方法：

检修燃油系统，根据检查结果更换可疑元件。

（3）机械故障。

热车启动困难的机械故障原因主要是气缸垫有轻微冲蚀，当发动机温度上升后，气缸垫产生泄漏；而发动机温度下降后，症状有所改善或恢复。如图 2-2-3 所示为轻微冲蚀的气缸垫。

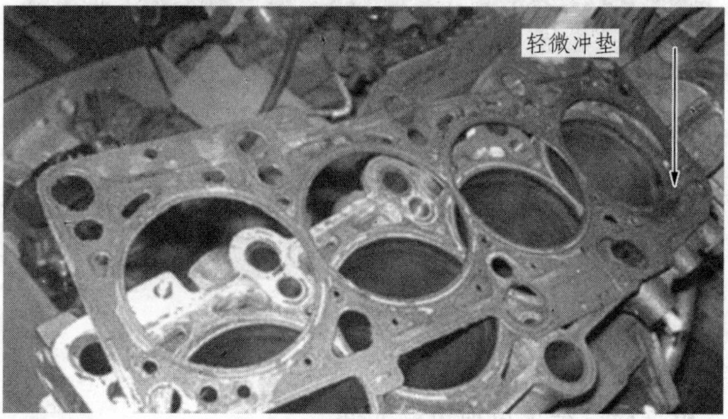

图 2-2-3　轻微冲蚀的气缸垫

排除方法：

检修机械系统，根据检查结果更换可疑元件。

（4）水温过高。

有些车辆，当发动机温度过高后，机件发生变形，或发动机 ECM 检测到温度过高而保护性切断启动功能，也容易产生启动不着的现象。这种状况在发动机冷却后故障消失，又可正常启动，对于这类故障，不需维修，只需等待发动机温度下降，但要防止发动机温度过高损坏机件。

排除方法：

检修冷却系统，根据检查结果更换可疑元件。

（5）传感器故障。

有些传感器，特别是曲轴位置传感器，在高温的情况下，会发生性能变差，产生故障，当温度下降后，性能又有所恢复，发动机又可以启动。对于此类传感器，最好更换新件，保证启动性能正常。

排除方法：

检修传感器，根据检查结果更换可疑元件。

（6）发动机 ECU。

发动机 ECU 在工作时间过长、工作温度过高的情况下，会产生故障，引起启动困难故障现象，或发动机 ECU 内部自带散热风扇失效，引起发动机 ECU 温度偏高，ECM 保护性丧失功能，当温度下降后，功能自行恢复。

排除方法：

检修控制系统，根据检查结果更换 ECU。

3）故障现象 3

症状：间歇性启动困难，或不论冷车热车都启动困难。

怀疑部位：

发动机间歇性发生启动困难的原因有：

（1）燃油系统间歇故障。

燃油泵随机发生卡滞，燃油滤芯堵塞，都会引起供油不畅，发生间歇性启动困难。

排除方法：

检修燃油泵。

（2）发动机 ECU。

发动机 ECU 偶发故障，及发动机 ECU 线路、传感器信号偶发错误，引起发动机 ECU 判断错误，产生发动机间歇启动困难。

排除方法：

检修电控系统，根据检查结果更换可疑元件。

（3）继电器、线路间歇故障。

继电器接触不良、工作不正常，保险丝、线路连接不良，均会引起发动机间歇性起动困难。

排除方法：

检修电器及线路，根据检查结果更换可疑元件。

二、基本技能

卡罗拉启动困难故障诊断步骤

以下以丰田卡罗拉为例，介绍发动机启动困难的故障诊断步骤。

1）准备工作

（1）防护装备：工作服、工作帽、手套、劳保鞋。

（2）车辆、台架、总成：卡罗拉整车或发动机台架。

（3）检测设备：KT600 诊断仪、万用表、测试灯泡、专用短接线、二极管试灯、燃油压力表。

（4）专用工具：燃油管拆装专用工具。

（5）手工工具：拆装工具一套。

（6）辅助材料：翼子板布和前格栅布、三件套、抹布、手套、白板笔。

2）冷车启动困难诊断步骤

（1）排除启动系统原因。

启动发动机，检查启动时蓄电池电压降是否正常。如果电压降很大或起动机运转无力，充电或更换蓄电池。

（2）排除控制系统原因。

连接诊断仪器，读取故障码，如果有与混合气相关的故障码（如空气流量计、冷却液温度传感器等），根据故障码内容检修。

读取数据流，重点检查冷却液温度信号，如果在发动机还是冷车时，冷却液温度的数值比较高（热车），则检查冷却液温度传感器及其线路。

（3）排除进气系统原因。

检查进气系统是否堵塞，节气门体部位是否积碳，必须清除积碳。

（4）排除发动机机械原因。

检测气缸压力是否偏低，如果偏低则检查气门是否积碳。

（5）排除点火系统原因。

测试高压火花强度，如果火花弱，检查更换火花塞或点火线圈。

（6）排除燃油系统原因。

a. 测试燃油压力是否偏低，并检查燃油保持压力，如果不正常则更换燃油泵及燃油滤清器。

b. 检查喷油器是否堵塞或泄漏。

3）*热车启动困难诊断步骤*

（1）排除控制系统原因。

a. 连接诊断仪器，读取故障码，如果有与混合气相关的故障码（如空气流量计、冷却液温度传感器等），根据故障码内容检修。

b. 读取数据流，检查冷却液温度信号，如果在发动机还是热车时，冷却液温度的数值偏低，则检查冷却液温度传感器及其线路。

c. 读取数据流，检查空气流量计、节气门位置传感器、氧传感器等，这些与混合气相关的传感器，如果发送错误信号给控制单元（不一定记忆故障码），控制单元控制喷油器的喷油时间太长，导致混合气浓，造成热车启动困难。

（2）排除点火系统原因。

测试高压火花强度，如果火花弱，检查更换火花塞或点火线圈。

提示：

点火线圈容易因温度升高而工作不良。

（3）排除燃油系统原因。

a. 测试燃油压力是否正常，燃油压力偏高导致混合气太浓；燃油泵容易因温度过高而工作不良，燃油压力偏低。

b. 检查喷油器是否堵塞或泄漏。喷油器堵塞或泄漏都会导致混合气不良。

（4）排除其他容易因为温度高工作不良的元件。

“线圈类”的元件，如曲轴位置传感器、点火线圈、燃油泵等，不论是传感器还是执行器，在温度过高时工作不良。

控制单元也可能因温度过高而发生故障。

提示：

在必要时，可以采用“电吹风”加热可疑的元件，如果故障更快发生，则判断该元件不良。

4）间歇性或任何时候都启动困难诊断步骤

对与间歇启动困难，首先检查燃油品质，如果正常，应等到故障发生时，参照冷车和热车程序进行故障诊断。

（1）检查燃油品质。

（2）排除控制系统原因。

（3）排除进气系统原因。

（4）排除发动机机械原因。

（5）排除点火系统原因。

（6）排除燃油系统原因。

三、拓展知识

1. 发动机冷车启动冒“白烟”

发动机排气管冒白烟，实际上是冒“白汽”，是排气管排出的水蒸气，发动机在冷车，特别是冬天，排气管冒“白烟”，热车后消失，属正常现象。而水温上升后，仍冒“白烟”，则属异常现象，说明发动机存在故障。

发动机冒白烟的根本原因是发动机燃烧气缸有水进入，高温变成水蒸气，通过排气管排除，遇冷便变白汽。

2. 发动机 ECU 高温保护

发动机 ECU 具备高温自我保护功能，在工作温度过高的情况下，会自动切断保护，引起发动机熄火不工作，当温度下降后，功能自行恢复。

对于发动机 ECU 高温自我保护状态，可以不必维修，等待温度降低，故障自动消失。

四、学习小结

（1）启动困难的常见故障包括：冷车启动困难；热车启动困难；间歇性或任何时候都启动困难。

（2）发动机冷车启动困难的主要原因有：起动机转速过低、点火性能不良、燃油供给不良、混合气浓度不良、发动机 ECU 及控制线路不良、发动机机械故障。

（3）发动机热车启动困难的主要原因有：点火系统高温、燃油系统燃油泵性能或燃油气阻、机械故障、水温过高、传感器故障、发动机 ECU 过热。

（4）发动机间歇性发生启动困难的原因有：燃油系统间歇故障、发动机 ECU 偶发故障、继电器、线路间歇故障。

（5）发动机启动困难检修步骤。

五、任务分析

发动机启动困难，应先进行发动机自诊断，如有相关的故障代码，则按故障代码内容检修。如果没有故障代码，则根据简单到复杂的原则，结合故障现象（冷车、热车），对燃油、点火、机械、控制系统进行检修。

六、自我评估

1. 填空题

（1）发动机启动困难的常见故障包括：______启动困难；_____启动困难；_______启动困难。

（2）发动机在冷车时，机械零件运转________，需要较大的启动机运转力矩。

（3）造成热车起动困难的点火系统故障，是点火线圈或点火控制模块_______后损坏、失效或性能变差。

（4）燃油泵随机发生卡滞，燃油滤芯堵塞，都会引起供油不畅，发生_________启动困难。

2. 判断题

（1）发动机启动困难，无论是冷车、热车、间歇性的故障，都可能和发动机 ECU 有关。（　　）

（2）气门关闭不严、气门积碳、胶质物等使气门关闭不够严密，引起气缸压力不足。（　　）

（3）曲轴位置传感器没有信号，发动机根本不能启动，因此启动困难和曲轴位置传感器无关。（　　）

（4）对于冷车和热车启动困难的故障，进行数据流诊断时应重点检查冷却液温度（水温）传感器。（　　）

工作任务三　发动机怠速不良故障诊断

任务情境

一、任务描述

一辆丰田卡罗拉 GL 轿车，装备 1ZR-FE 汽油电控发动机，行驶里程 10 万 km，客户报修发动机怠速不稳，如果这张派工单给你，你将如何诊断并排除此故障？

二、任务提示

怠速指维持发动机没有做功时，正常运转的最低转速，是发动机空转时的一种工作状况。怠速不良不仅影响发动机运行的稳定性，还会增加尾气中有害气体的排放，怠速不良多数还伴随有加速不良故障。

任务目标

一、知识目标

（1）能描述发动机怠速不稳的故障原因。

（2）能描述发动机怠速异常的常见故障现象。
（3）能描述诊断和排除发动机怠速不良的故障思路与方法。

二、能力目标

（1）能根据发动机怠速症状，分析发动机怠速不良的原因。
（2）能诊断并排除怠速异常故障。

必备知识

一、基本知识

发动机怠速不良故障现象及检修部位

怠速不良的常见故障包括：怠速偏低、怠速偏高、怠速不稳、怠速游车（也称“失速”，转速忽高忽低）、无怠速、负荷变化时不提速。

1）故障现象 1

症状：怠速偏低。

怀疑部位：

大部分汽油车发动机怠速在 750 r/min 左右，转速过低，发动机会表现出运转不稳定，工作抖动，甚至容易熄火，即可断定为怠速偏低。怠速过低的根本原因是进气量太少。

根据控制进气量的因素，怠速偏低的故障原因主要有如下方面：

（1）怠速控制阀故障。

仅对于非电子节气门车型。怠速控制电机（怠速阀）关闭、卡死打不开，将会导致怠速空气减少，引起怠速过低。

排除方法：

清洗怠速控制阀（步进电机），或更换怠速控制电机。如图 2-3-1 所示为清洗怠速阀。

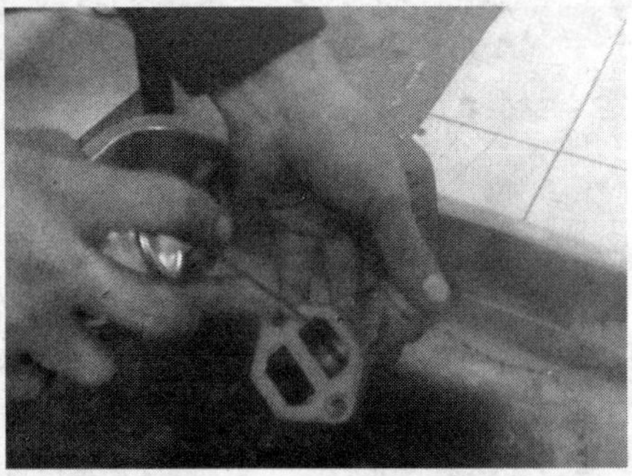

图 2-3-1　清洗怠速阀

（2）节气门故障。

仅对于电子节气门车型。电子节气门卡滞打不开，会导致进气量过小，造成发动机怠速过低。

排除方法：

清洗节气门，对节气门作初始化设置。如图 2-3-2 所示为电子节气门的清洗。

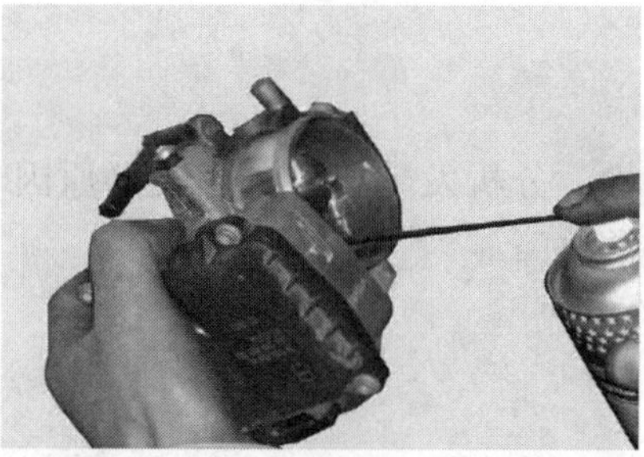

图 2-3-2　清洗电子节气门

（3）发动机气缸工作不平衡。

有一缸或多缸不工作，或工作不良，影响到发动机的功率输出，降低发动机动力，导致怠速过低，造成发动机熄火。

排除方法：

通过断缸法，找出不工作或工作不良的气缸，检修排除故障。

（4）进气管堵塞或漏气。

进气管堵塞，主要指空气滤芯过脏或堵塞，直接导致进气量减小；而进气管漏气，指进气系统的管道或真空管泄漏，导致混合气过稀，引起怠速下降。

处理方法：排除堵塞或漏气部位故障。

（5）怠速调整不当。

对于怠速可调整的发动机，怠速调整过小，会引起怠速偏低。

排除方法：

可以尝试反复调整怠速螺钉，直至怠速值在规定的范围。如图 2-3-3 所示为怠速调整螺钉。

图 2-3-3　怠速调整螺钉

（6）曲轴箱通风系统故障。

曲轴箱通风系统单向阀失效，引起发动机进气量发生变化，造成发动机怠速过低抖动。

排除方法：

更换单向阀。

（7）点火正时不正确。

点火时间不正确，会引起怠速发动机抖动。

排除方法：

重新校对和调整点火正时。

2）故障现象 2

症状：怠速偏高。

怀疑部位：

在发动机运转平稳的前提下，发动机转速越低越好，各车型均有标准怠速，怠速高于标准值，即可断定为怠速过高。怠速过高增加油耗，并影响车辆起步功能。怠速过高的常见原因有：

（1）节气门开度过大。

节气门开度过大，进气量过多，则发动机怠速增高。造成节气门开度过大的主要原因有：

a. 节气门过脏，如图 2-3-4 所示为需要清洗的节气门。

b. 节气门卡滞，开闭不灵活。

c. 节气门位置调整不当。

d. 节气门位置传感器故障。

排除方法：

通过诊断仪读取节气门开度数据流，确定节气门开度是否在正常范围，多数车型怠速时的节气门开度在 8 ~ 10°，若节气门开度偏大，则需要清洗、调整节气门。

图 2-3-4　需要清洗的节气门

（2）怠速控制电机故障。

怠速电机（怠速阀）卡滞在开度大的位置，会引起怠速过高。

排除方法：

清洗或更换怠速电机（怠速阀）。

（3）进气系统漏气。

进气系统漏气，特别是漏气量较大，进入气缸的空气多，引起怠速偏高。

排除方法：

排除漏气位置。

（4）燃油压力过高。

燃油压力过高，增加了喷油器的喷油量，提高了发动机运转速度。

排除方法：

连接燃油压力表，仔细检测燃油压力是否符合规定值。如果太高，检查燃油压力调节器及回油管路。

（5）冷却液温度传感器故障。

发动机冷却液温度传感器及线路断路，发动机 ECU 判断水温过低，会提高转速，进入暖机模式，引起怠速过高。

排除方法：

检测冷却液温度传感器及线路。

（6）喷油量过大。

喷油量的大小决定了发动机的转速高低，怠速高，必然是喷油量较大，怠速状态下喷油量较大，必然是发动机 ECM 接收到不正常的控制信号，然后发出加大喷油量的指令。影响喷油量的信号的传感器及元件有：节气门位置传感器、空气流量计、进气压力传感器、冷却液温度传感器、进气温度传感器和发动机控制单元等。

排除方法：

通过诊断仪，读取故障码和数据流，确定故障部位及元件。

3）故障现象 3

症状：怠速不稳。

怀疑部位：

（1）怠速不稳故障现象。

怠速不稳是发动机最常见的故障之一，指发动机怠速运转时，工作不稳定，发动机抖动，故障现象比较复杂，确定怠速不稳标准如下：

a. 观察发动机缸体的抖动程度，也可以观看机油尺晃动的程度，平稳发动机的油尺很清晰，抖动的发动机的油尺看起来是双影的。

b. 从发动机转速表或读数据块观察，转速以怠速期望值（设定怠速或需求怠速）为中心抖动，或在期望值一侧剧烈抖动，程序中的怠速期望值包括标准怠速值、负荷（打开灯光，自动变速器挂上挡等）怠速值、空调怠速值、暖车怠速值。

c. 原地启动发动机，坐在座椅上，能感觉车身的震动。

（2）怠速不稳的故障分类。

a. 冷车怠速不稳。

b. 热车怠速不稳。

c. 无规律的抖动。

（3）怠速不稳的故障原因。

a. 直接原因。

指机械零件脏污、磨损、安装不正确等，导致个别气缸功率的变化，从而造成各气缸功率不平衡，致使发动机出现怠速不稳。

b. 间接原因。

指发动机电控系统不正常，导致混合气燃烧不良，造成各气缸功率难以平衡，使发动机出现怠速不稳。

（4）怠速不稳的故障诊断。

a. 进气系统故障。

进气歧管或各种阀泄漏：当不该进入的空气、汽油蒸汽、燃烧废气进入到进气歧管，造成混合气过浓或过稀，使发动机燃烧不正常，会造成发动机怠速的抖动。

节气门和进气道积垢过多：节气门和周围进气道的积炭、污垢过多，空气通道截面积发生变化，使得控制单元无法精确检测怠速进气量，造成混合气过浓或过稀，使燃烧不正常。

怠速空气执行元件故障：怠速控制元件有故障，会导致怠速空气控制量不准确，引起怠速不稳。

进气量失准：控制单元接收错误信号而发出错误的怠速控制指令，引起发动机怠速进气量控制失准，使发动机燃烧不正常，属于怠速不稳的间接原因。

排除方法：

清洗和更换损坏部件。

b. 燃油系统故障。

喷油器故障：喷油器的喷油量不均、雾化不良，会造成各气缸的功率不平衡，从而产生发动机工作抖动。

燃油压力故障：燃油压力不稳定，比如油泵或回油管路故障，造成喷油器的喷油不稳定，引起怠速发抖。

喷油量失准：各传感器或线路故障，导致控制单元发出错误喷油指令，使喷油量不正确，造成混合气过浓或过稀，属于怠速不稳的间接原因。

喷油器滴漏或堵塞，使其无法按照 ECM 的指令进行喷油，从而造成混合气过浓或过稀，使个别气缸工作不良，导致发动机怠速不稳。

处排除方法：

清洗和更换损坏部件。

c. 点火系统故障。

点火模块与点火线圈故障：新款汽车多将模块与点火线圈集成一体，点火模块或点火线圈有故障，引起高压火减弱，高压火不稳定，点火能量不足，都会引起发动机工作发抖。

火花塞与高压线：火花塞、高压线故障导致点火能量下降或失火，引起怠速不稳定。

点火提前角失准：由于传感器及线路故障属于引起怠速不稳的间接原因，控制单元发出错误指令，使点火提前角不正确，或造成点火提前角大范围波动，引起怠速不稳。

排除方法：

更换损坏部件；调整正时。

d. 发动机机械系统故障。

气缸内气体作用力的变化（一个气缸气体作用力变化或几个气缸气体作用力变化），引起各气缸功率不平衡，导致活塞在做功行程时的水平方向分力不一致，出现对发动机横向摇倒的力矩不平衡，从而产生发动机抖动。凡是引起发动机气缸内气体作用力变化的故障都有可能导致发动机怠速抖动。常见的故障原因有：

配气机构：配气相位的错误会使气门不按规定时刻开闭，致使进入气缸内的空气量不稳定，同时由于窜气也使进气歧管内的温度有所升高，从而使发热元件的冷却程度降低，因而输出给 ECU 的电压信号就低，喷油量就会减少，容易造成发动机在怠速时运转不稳。

发动机缸体、活塞连杆机构：连杆活塞机构故障会使个别气缸功率下降过多，从而使各气缸功率不平衡。导致发动机怠速运转不稳定而抖动。

其他原因：曲轴、飞轮、曲轴皮带轮等运转部件动平衡不稳定；发动机支脚垫断裂、损坏；发动机底护板因变形与油底壳相撞击等，也会造成发动机振动而影响转速。例如图 2-3-5 所示为帕萨特曲轴飞轮，帕萨特飞轮由两片齿轮盘通过橡胶件连接于一体，当连接橡胶老化断裂，两片齿轮盘产生分裂，飞轮运转时，产生动态不平衡，就会引起发动机抖动。

图 2-3-5　帕萨特曲轴飞轮

排除方法：

清洗和更换损坏部件。

e. 其他故障原因。

自动变速器、空调、转向助力器等有故障会增加怠速负荷，引起怠速不稳。发动机控制单元与空调、自动变速器控制单元之间的怠速提升信号中断；CAN-BUS 总线系统故障，电控单元的搭铁线不良，发动机与车身的搭铁线不良，均会造成发动机怠速运行不稳。

排除方法：

检修线路；更换损坏部件。

4）故障现象 4

症状：怠速游车。

怀疑部位：

怠速游车指发动机转速有规律或无规律的在一定转速范围内上下波动的现象。造成发动机怠速游车的根本原因是发动机 ECU 在检测到不正确的传感器信号或判断进气混合比不正常时，不断地修正发动机空燃比，从而引起发动机怠速不稳定的现象。据此原则，电控发动机怠速游车的故障原因主要有：

（1）燃油压力不稳定。

（2）进气系统真空管漏气。

（3）氧传感器失效或反馈控制电路有故障。

（4）空气流量计故障。

（5）EGR 阀故障。

（6）燃油蒸气回收控制系统故障。

（7）发动机 ECU 及线路、连接器不良等故障。

排除方法：

检修线路；更换损坏部件。

5）故障现象 5

症状：无怠速。

怀疑部位：

无怠速指松掉加速踏板则发动机熄火，只有加速踏板踩下，才能稳住发动机转速的工作状态。根据无怠速的现象，可以判断无怠速是没有足够的进气量造成，而怠速状态下，进气量的控制主要依靠怠速控制元件（怠速阀、怠速电机或节气门电机）的作用，因此无怠速的故障部位在怠速控制元件。无怠速的常见故障原因和部位有：

（1）怠速电机卡死，打不开。

（2）节气门体故障。

（3）电子节气门单元故障。

（4）发动机 ECU 及线路。

排除方法：

清洗脏污元件；检修线路；更换损坏部件。

6）故障现象 6

症状：负荷变化不提速。

怀疑部位：

电控发动机在负荷增加，如开空调、转向、挂挡、开前照灯等时，发动机怠速会自动提高，当发动机执行提速操作时不能提速，则发动机怠速运转不稳抖动，甚至熄火。

根据开关信号的控制原理，电控发动机不提速的故障原因有：

（1）开关信号传送错误或不良。

（2）发动机 ECU 故障。

（3）执行元件：怠速控制阀不良，电子节气门电机故障。

（4）开关、ECU、执行元件的线路不良。

排除方法：

清洗脏污元件；检修线路；更换损坏部件。

二、基本技能

卡罗拉怠速不良故障诊断步骤

以下以卡罗拉 1ZR-FE 发动机怠速不良为例，介绍故障诊断流程。

1）准备工作

（1）防护装备：工作服、工作帽、手套、劳保鞋。

（2）车辆、台架、总成：卡罗拉整车或发动机台架。

（3）检测设备：KT600 诊断仪、万用表、测试灯泡、专用短接线、二极管试灯、燃油压力表。

（4）专用工具：燃油管拆装专用工具。

（5）手工工具：拆装工具一套。

（6）辅助材料：翼子板布和前格栅布、三件套、抹布、手套、白板笔。

2）诊断步骤

（1）确认故障现象。

启动发动机，怠速运行，确定怠速是否正常。如果不正常，判断故障现象的类型。

（2）故障码读取。

连接诊断仪器，读取发动机系统故障码，如有故障码，根据内容检修后，清除故障码。

提示：

以下步骤分别针对怠速不良的现象进行重点检查。

（3）怠速过低或无怠速。

读取节气门开度的数据流，如果比正常值低，清洁节气门体。

（4）怠速过高。

a. 读取节气门开度的数据流，如果比正常值高，清洁节气门体。

b. 读取冷却液温度传感器数据，如果比发动机实际的冷却液温度低，检查冷却液温度传感器。

c. 如果曾经清洁过节气门或拆卸过线束连接器，进行节气门设定。

（5）怠速游车。

a. 检查进气系统是否漏气。

b. 检查重要的传感器，如空气流量计、节气门位置/加速踏板位置、氧传感器的数据流是否正常。这些传感器如果某个信号不正常，控制单元会进行混合气修正，造成转速忽高忽低的现象。

（6）发动机负荷变化但转速不提速。

检查数据流，确认负荷变化信号（如空调 A\C 信号）是否发动到控制单元。如图 2-3-6

所示，当空调开关打开或转向盘转动，数据应从“OFF”变成“ON”。

图 2-3-6 负荷变化数据流

（7）怠速不稳。

a. 排除发动机机械原因：检测气缸压力，各气缸压力应基本一致或在误差范围内。

b. 排除点火系统原因：检查火花塞、点火线圈；检查点火正时。

c. 排除燃油系统原因：检查燃油压力是否偏低；检查喷油器是否工作及堵塞、泄漏、供油量一致。

d. 排除进气系统原因：检查进气管道是否泄漏、堵塞；检查节气门体是否积碳。

e. 排除排放控制系统原因：检查燃油蒸汽系统是否常工作；检查三元催化器是否堵塞。

三、拓展知识

1. 怠速调整

电控发动机的怠速主要通过怠速阀控制，同时节气门关闭，但仍保持一定的微小开度。当怠速阀不能打开时，通过节气门的开度控制进气量，维持怠速。怠速阀无法调整，为保持怠速的微调，节气门设置有调整螺丝，其实是调节节气门的开度。

调整怠速工作，必须在发动机温度正常、气门间隙适当、点火系统情况正常、各管道密封良好、节气门能够关闭严密等正常状况下进行。

调整时，首先旋出节气门开度调整螺钉，使发动机达到最低稳定转速，接着用螺丝刀旋入怠速调整螺钉，当发动机快要熄火时，再缓慢旋出怠速调整螺钉，使发动机稳定运转并达到高速，然后再将节气门开度调整螺钉旋出，使发动机的转速就能降到最低，然后再调整怠速调整螺钉，使发动机转速提高。如此反复进行，直到节气门开度最小，发动机在最低稳定转速下运转，最后再提高转速并突然关闭节气门，以发动机不熄火仍然转动为宜。

2. 进气系统/真空管漏气检查

电控发动机的进气系统比较复杂，特别是真空管较多，当进气道或有真空管漏气，就会引起发动机怠速抖动，而检查漏气点十分困难，由于漏气量小，往往直观法难以找到漏气点，这时可以采取一些特殊方法，帮助查找漏气点。

检查漏气方法是，启动发动机，怠速运行，在保证安全条件下（无高压漏电），使用清洗剂沿着进气系统的各管道接口、真空管部件喷射，若喷到某处，发动机怠速抖动消失，或怠速发生变化，说明该处有漏气故障。

原理：进气漏气引起怠速抖动的原因是，漏进的空气改变了空燃比，造成怠速不稳，当清洗剂（可燃）与漏气混合，可以改变或恢复空燃比，发动机怠速会恢复正常或发生变化，说明该处即漏气部位。

四、学习小结

（1）发动机怠速不良的主要故障有：怠速偏低、怠速偏高、怠速不稳、怠速游车、无怠速、不提速等。

（2）怠速过低的根本原因是怠速进气量过小，怠速低的主要原因有：怠速阀故障、节气门开度过小、怠速调整过低等。

（3）怠速过高故障的主要原因是节气门开度过大，主要原因有：怠速阀开度过大、燃油压力过高、喷油量过多、水温传感器不良等。

（4）怠速不稳的常见原因有：点火性能不良、喷油器不良、机械故障、进气系统漏气。

（5）无怠速的故障原因主要有：节气门关闭、开度太小或怠速阀开度过小。

（6）不提速的故障原因有：发动机 ECU 未接收到提速开关信号或不执行提速动作。

五、任务分析

本情境中，怠速不稳是发动机最复杂的故障现象之一，应根据具体的故障现象，参考诊断流程，从简单到复杂进行排除。

六、自我评估

1. 填空题

（1）怠速不良的常见故障包括：无怠速、怠速_____、怠速偏高、怠速_______、怠速______、负荷变化时________。

（2）怠速过高故障的主要原因是节气门_______过大。

2. 不定项选择题

（1）怠速阀有故障可能会引起发动机（　　）。

A. 怠速偏高　　B. 怠速偏低

C. 无怠速　　D. 怠速游车

（2）当节气门急剧关闭时，空燃比大幅度变化，这时怠速阀处于全开状态，目的是（　　）。

A. 减少 NOX 排放　　B. 减少 HC 和 CO 排放

C. 实施发动机制动　　D. 提高发动机转速

（3）下列哪些情况下，发动机需要提速？（　　）

A. 开空调　　B. 转弯

C. 开启大灯　　D. 挂挡（A/T）

（4）怠速电控阀是在发动机（　　）时起作用的。

A. 中等负荷　　B. 低温启动

C. 负荷大　　D. 高转速

（5）在怠速控制中，怠速控制阀可以调节尾气中的（　　）排放量。

A. CO　　B. HC

C. NO　　D. CO_2

（6）氧传感器不良，可能引起发动机（　　）。

A. 怠速偏高　　B. 怠速偏低

C. 怠速游车　　D. 无怠速

（7）发动机进气系统真空管漏气会引起（　　）故障。

A. 怠速偏高　　B. 怠速偏低

C. 怠速游车　　D. 无怠速

（8）一辆丰田卡罗拉，清洗节气门后，怠速偏高，可采取如下哪种方法恢复怠速（　　）。

A. 断开蓄电池负极 30 s 以上　　B. 丰田仪器设置

C. ECU 编程　　D. 试车 10 min

工作任务四　发动机加速不良故障诊断

任务情境

一、任务描述

一辆丰田卡罗拉轿车，装备 1ZR-FE 汽油电控发动机，行驶里程 12 万 km，客户反映车辆行驶加不上油，加速慢，如果这张派工单给你，你将如何诊断并排除此故障？

二、任务提示

加速性能是评价发动机动力性能的最重要指标，加速不良是发动机的常见故障之一。加速不良指发动机加不上油，故障现象是踩下加速踏板后，发动机转速不能马上升高，有迟滞现象，有时加速会引起发动机抖动，“回火”，“放炮”，甚至熄火现象。

任务目标

一、知识目标

（1）能描述发动机加速的工作原理。

（2）能描述发动机常见的加速不良的故障现象。

（3）能描述发动机加速不良的故障的诊断方法。

二、任务目标

（1）能分析发动机加速不良的故障现象。

（2）能进行诊断与排除发动机加速不良的故障。

必备知识

一、基本知识

1. 发动机加速的原理

如图 2-4-1 所示为发动机加速的原理，加速踏板接到驾驶员的加速意愿，加速踏板位置传感器将加速信号传给发动机 ECU，发动机 ECU 控制电子节气门打开更大的开度，节气门进入更多新鲜空气，空气流量计检测到更多的空气流量，进气信号发送给 ECU，ECU 喷入更多的燃油，组成更大混合气，发动机做功增加，转速上升；转速上升，气缸产生更大的真空度，吸入更强的空气，反复如此，发动机转速不断提高，产生加速度。

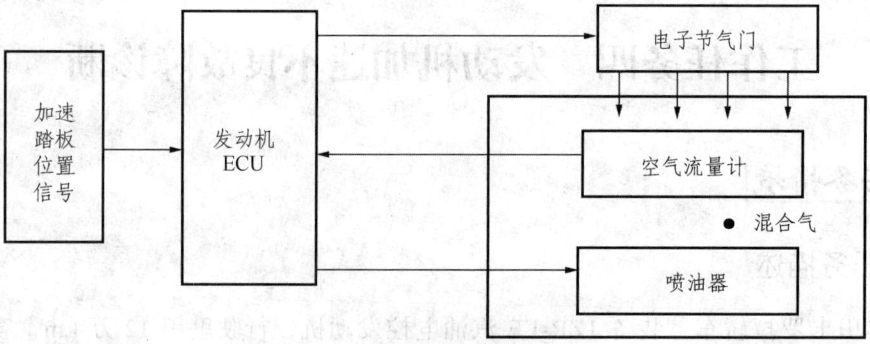

图 2-4-1　发动机加速原理

2. 发动机加速不良故障现象及检修部位

根据发动机加速原理，加速系统的任何一个环节有故障，发动机就会产生加速不良故障。电控发动机的点火、燃油、进气、排气以及机械系统产生故障，都会造成发动机加速不良。

1）点火系统故障

点火系统引起发动机加速不良的原因有：单缸或多缸不工作或工作不良；点火能量不足和点火时间不正确。

（1）单缸工作不良。

一缸不做功，或者做功不好，四缸的动力三缸完成，就造成发动机加速不良，对于单缸或多缸不工作或工作不良的故障，可以通过断缸法检查判断，断开某一缸的点火或喷油，发动机怠速无变化，则可判断该缸工作不良或不工作。

（2）点火能量不足。

点火能量不足，火花塞高压火花过弱，会造成发动机混合气燃烧不充分，做功不能达到最大，产生发动机动力不足的现象。如图 2-4-2 所示为火花塞点火的高压火花强弱图，造成点火能量不足的主要原因有：

a. 点火线圈性能不良。

b. 火花塞间隙过大或过小。

c. 高压线老化、漏电。

d. 点火放大器（点火控制模块）故障。

e. 发动机控制单元及线路。

图 2-4-2 火花塞点火火花强弱

（3）点火正时不正确。

点火正时不正确，造成发动机工作不正常，引起动力不足，产生加速不良的故障现象。

通过踩踏加速踏板加速，根据发动机运转的声音，判断发动机点火时间过早或过迟；也可以通过点火提前角测试仪，测试发动机点火提前角度。发动机怠速时，点火提前角为一稳定的点火提前角度；当加速时，点火提前角加大。

点火提前角过大或过小，都会引起发动机加速不良。点火正时不良的主要故障原因有：

a. 正时皮带安装错误。

b. 正时齿轮错齿、跳齿。

c. 可变正时系统故障。

d. 曲轴、凸轮轴位置传感器故障，给 ECU 提供错误信息。

排除方法：

检修点火系统，根据检测结果更换可疑元件。

2）进气系统故障

发动机加速靠进气、燃油的相应增加实现，而喷油量的增加依据进气量参数，进气量数据信号不错误，则发动机会产生加速不良故障现象。进气系统的常见故障部位和原因有：

（1）进气管堵塞。

（2）空滤脏堵。

（3）节气门或电子节气门不良。

（4）空气流量计及线路不良。

（5）可变进气系统出现故障。

（6）涡轮增压系统故障。

（7）发动机控制单元及线路故障。

排除方法：

进气系统清洁，并检修控制系统，根据检测结果更换可疑元件。

3）燃油系统故障

（1）燃油压力低。

燃油压力过低，会导致发动机动力不足，产生加速不良故障现象。燃油压力不正常，需要检查燃油泵、燃油滤芯、燃油压力调节器等元件性能。

排除方法：

清洗油路，检测油泵等元件，必要时更换。

（2）燃油品质不良。

燃油品质不良，直接导致混合气燃烧质量下降，发动机工作不正常，同时造成排放异常，还会产生爆燃等故障现象。如图 2-4-3 所示为燃油品质差引起的氧传感器损坏。

燃油品质不良主要指如下情况：

a. 燃油标号不对。

b. 使用高含铅汽油。

c. 燃油添加剂异常。

d. 燃油水分过多。

e. 燃油杂质超标。

图 2-4-3　损坏的氧传感器

排除方法：

清洁油路，更换品质良好的燃油。

（3）燃油喷射不良。

a. 喷油器故障。

发动机的加速状况通过喷油器增加喷油量实现，喷油器喷油性能不良或喷油器控制异常，会造成发动机的加速不良。喷油器的性能检测与维护可以通过喷油器清洗检测仪实施。

b. 喷油器控制故障。

喷油器喷油不良与喷油器的控 ECU 控制有关，ECU 控制喷油器信号异常，可能是 ECU 接收到不正常的传感器信号，或者 ECU 本身有故障，或者控制线路故障。

排除方法：

清洁喷油器，并检修喷油器线路，根据检测结果更换可疑元件。

4）排气系统故障

发动机排气系统堵塞，排气性能降低，将直接影响发动机加速性能。发动机发生加速不良故障，需要检查发动机排气系统是否畅通，排气系统最常见的故障是三元催化器堵塞。

排除方法：

清洁排放系统积碳，根据检测结果更换可疑元件。

5）发动机机械故障

发动机机械性能降低，如气缸磨损、曲轴变形、凸轮轴磨损、气缸漏气、活塞环密封性能变差等都会引起发动机动力性变差，具体表现为加速不良。对于机械故障引起的加速不良，需要测量气缸压力，如果低于规定的标准压力值，则必须进行发动机大修，以恢复发动机动力性能。机械原因引起的加速不良故障的常见原因有：

（1）活塞或缸套磨损过度。

（2）气门间隙过大。

（3）缸盖烧蚀或变形，密封不良。

（4）其他机械磨损与原因（曲轴，凸轮轴磨损等）。

排除方法：

拆检机械部分，根据检测结果更换可疑元件。

二、基本技能

卡罗拉加速不良故障诊断步骤

以下以丰田卡罗拉为例，介绍发动机加速不良的故障诊断步骤。

1）准备工作

（1）防护装备：工作服、工作帽、手套、劳保鞋。

（2）车辆、台架、总成：卡罗拉整车或发动机台架。

（3）检测设备：KT600 诊断仪、万用表、测试灯泡、专用短接线、二极管试灯、燃油压力表。

（4）专用工具：燃油管拆装专用工具。

（5）手工工具：拆装工具一套。

（6）辅助材料：翼子板布和前格栅布、三件套、抹布、手套、白板笔。

2）诊断步骤

（1）验证故障现象，排除其他系统造成的故障。

a. 启动发动机，待发动机温度正常，试验加速是否正常。

b. 排除其他系统造成的故障，如加速防滑系统异常工作。

提示：

加速防滑系统工作时（驱动轮打滑）会通过 CAN 系统控制发动机降低功率。可以拔掉其保险丝或继电器试车，如果故障消失，则是加速防滑系统导致的故障。

（2）排除控制系统原因。

连接诊断仪器，读取故障码，如果有与加速相关的故障码（如空气流量计、节气门位置/加速踏板位置传感器等），根据故障码内容检修。

读取数据流，重点是空气流量计、节气门位置、加速踏板位置传感器等相关数据，不正常则检查对应的传感器及线路。

（3）排除进气系统原因。

a. 检查空气滤芯是否过脏或堵塞，不正常则清洁或更换。

b. 检测节气门是否工作正常，如发卡等故障，清洗节气门或更换节气门体。

c. 检查可变进气 VVT 系统是否有动作。

（4）排除发动机机械原因。

检测气缸压力是否偏低，偏低则拆检发动机，检查气门和活塞环等。

（5）排除点火系统原因。

a. 测试高压火花强度，如果火花弱，检查更换火花塞或点火线圈。

b. 检查点火正时，在加速时正时是否能够提前，以及提前的角度。如不正常则检查正时记号和爆震传感器信号。

（6）排除燃油系统原因。

a. 测试燃油压力是否偏低，并检查燃油保持压力，如果不正常则更换燃油泵及燃油滤清器。

b. 检查喷油器是否堵塞或泄漏。

c. 检查燃油品质。

（7）排除排放控制系统原因。

检查排气管（三元催化器）是否堵塞，不正常则更换三元催化器及消音器。

三、拓展知识

1. 巡航控制系统故障诊断

（1）巡航控制系统功能和原理。

巡航控制系统是一种利用电子控制技术，保持汽车自动定速行驶的系统。当汽车在高速公路上长时间行驶时，接通巡航控制主开关，设定希望的车速，巡航控制系统将根据汽车行驶阻力的变化，自动增大或减小节气门开度，使汽车按设定的车速等速行驶，驾驶员不必操纵加速踏板。如图 2-4-4 所示为组合仪表上面的巡航指示灯。

图 2-4-4　组合仪表上面的巡航指示灯

巡航系统可以减轻驾驶员的疲劳，增加舒适性，还能保持车速的平稳性，改善发动机的燃油经济性和排放性能。

巡航功能有：定速巡航、加速巡航、减速巡航。

巡航控制系统分独立巡航控制系统和发动机 ECU 控制巡航系统。新型汽车多采用发动机 ECU 直接控制巡航系统。

发动机 ECU 直接控制式巡航系统，发动机 ECU 内设计有巡航控制程序，当发动机 ECU 接到巡航开关信号，直接控制电子节气门动作，使电子节气门保持在一定的开度，稳定车速，当接到撤销巡航指令信号，或刹车灯开关信号，则取消巡航功能。巡航控制工作原理如图 2-4-5 所示。

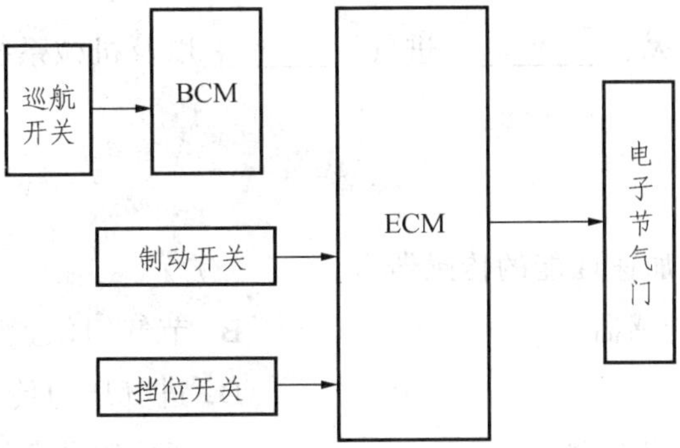

图 2-4-5　巡航控制原理

2. 巡航系统故障诊断

1）读取故障码

分别读取发动机控制单元和车身控制单元故障码，确定无巡航故障码。巡航相关故障码有：巡航开关故障、制动灯开关故障、车速传感器故障、节气门故障等。

2）读取数据流

选择读取数据流，选取巡航开关项目，拨动巡航开关，观察数据流变化，数据流变化不符合开关相应动作，则巡航开关及线路故障。

四、学习小结

（1）加速不良的故障原因包括：点火性能、混合气浓度、排气系统、机械，电控单元等。

（2）点火性能引起加速不良的故障原因为点火能量不足，点火线圈性能不良是主要原因。

（3）电控单元检测进气流量信号不准确是引起加速不良的进气系统产生的主要原因。

（4）排气管堵塞会造成发动机加速不良。

（5）发动机气缸磨损、缸压不足，会导致加速不良，动力不足。

（6）发动机 ECU 发生故障会引起加速不良的故障原因。

五、自我评估

本情境中，由于我国燃油品质普遍较差，故障出现在油路（堵塞、油泵不良等）可能性很大，首先检查油路。如果油路正常，则按简单到复杂的顺序检查其他系统。

六、自我评估

1. 填空题

（1）加速踏板________接到驾驶员的加速意愿，将加速信号传给发动机 ECU，控制电子节气门打开更大的开度。

（2）电控发动机的点火、_______、进气、_______以及机械系统产生故障，都会造成发动机加速不良。

2. 不定项选择题

（1）影响电控发动机加速性能的传感器有：（　　）。

A. 冷却液温度传感器　　B. 节气门位置传感器

C. 空气流量计　　D. 进气压力传感器

E. 加速踏板位置传感器　　F. 氧传感器

（2）发动机加速不良会导致（　　）。

A. 动力不足　　B. 油耗过高

C. 水温升高　　D. 排放超标

（3）下列哪些单元有故障，会造成发动机加速不良（　　）。

A. 电子节气门　　B. 涡轮增压器

C. 点火线圈　　D. 可变正时调节器

E. 三元催化器　　F. 燃油泵

（4）同一挡保持油门不变，若汽车所遇到的阻力不同，则汽车（　　）。

A. 发动机转速不变　　B. 车速不变

C. 发动机扭矩不同　　D. 耗油率不同

E. 发动机输出功率不同

（5）巡航控制系统一般在车速低于（　　）km/h 时，不起作用。

A. 15　　B. 25　　C. 35　　D. 45

（6）爆震传感器的信号会影响（　　）。

A. 点火提前角　　B.喷油正时

C. 怠速性能　　D. 加速性能

（7）汽油发动机加速时有突爆声，释放油门立即消失，是由于（　　）。

A. 点火过晚　　B. 点火过早
C. 点火次序错乱　　D. 混合气过稀

（8）下列哪些发动机故障会造成加速不良？（　　）。

A. 气门漏气　　B. 活塞环漏气
C. 机油泄漏　　D. 排气管漏气

学习项目三　汽车底盘故障诊断

本学习项目介绍汽车底盘故障诊断，包含6个工作任务：工作任务一为离合器打滑及其他故障诊断；工作任务二为手动变速器换挡困难及其他故障诊断；工作任务三为自动变速器挂挡不能行驶及其他故障诊断；工作任务四为行驶中车轮摆振故障诊断；工作任务五为行驶中转向盘抖动及其他故障诊断；工作任务六为制动力不足及其他故障诊断。学生学习了本学习项目后，能够掌握汽车底盘故障诊断与维修技术。

工作任务一　离合器打滑及其他故障诊断

任务情境

一、任务描述

一辆卡罗拉手动挡轿车，客户描述说车子在急加速和上陡坡时明显感觉动力不足。你能排除这个故障吗？

二、任务提示

根据故障现象，可能是由于离合器片过度磨损导致离合器打滑，需要进行离合器的检查。

任务目标

一、知识目标

（1）能描述离合器打滑的故障现象和原因。

（2）能描述离合器分离不彻底的故障现象和原因。

二、能力目标

（1）能够对离合器打滑故障进行故障诊断与排除。

（2）能够对离合器分离不彻底故障进行故障诊断与排除。

必备知识

一、基本知识

离合器典型的故障现象有离合器打滑和离合器分离不彻底等。

1. 离合器打滑

1）离合器打滑造成的故障现象

（1）汽车用低挡起步时，放松离合器踏板时，不能起步或起步困难。

（2）汽车加速行驶时，车速不能随发动机转速升高而提高，行驶无力，产生焦煳味或冒烟等现象。

2）离合器打滑的主要原因

（1）离合器踏板没有自由行程，使分离轴承压在分离杠杆上。

（2）从动盘摩擦片、压盘或飞轮工作面严重磨损。

（3）离合器盖与飞轮连接松动，使压紧力减弱。

（4）从动盘摩擦片油污、烧灼、表面硬化、铆钉外露，表面不平，摩擦力系数下降。

（5）压力弹簧疲软或折断，膜片弹簧疲劳或开裂，使压紧力下降。

（6）离合器操纵杆卡滞，分离轴承套筒与导管间油污、尘腻等，使分离轴承不能回位。

（7）分离杠杆弯曲变形，出现运动干涉，不能回位。

3）离合器打滑的故障原因与排除方法（见表3-1-1）

表3-1-1　离合器打滑的故障原因和排除方法表

故障原因	排除方法
不正确的离合器踏板高度无法使离合器主缸回位	调整离合器踏板位置开关
离合器踏板回位弹簧破损或缺失	更换离合器踏板回位弹簧
离合器踏板卡滞或卡住	1. 所有可能接触踏板的物品； 2. 踏板衬套是否易于移动； 3. 有故障，则更换离合器踏板
离合器主缸卡滞或卡死	更换离合器主缸
离合器工作缸卡滞或卡死	更换离合器工作缸
离合器工作缸前管扭结或损坏	1. 离合器工作缸前管布线是否正确； 2. 检查发动机支座是否存在使离合器工作缸前管扭结或夹住的松动或故障； 3. 或更换有故障的发动机支座； 4. 或更换离合器工作缸前管
离合器盘有润滑脂或被机油污染	1. 机油泄漏源； 2. 修理润滑脂泄漏源； 3. 清除离合器部件上的污染物； 4. 如果不能清除这些污染物，则更换离合器总成
离合器盘浸油	正泄漏源并安装一个新的离合器盘
膜片弹簧不耐用	更换离合器总成
离合器盘表面磨损	更换离合器总成
离合器盘烧毁或磨光	更换离合器总成

2. 离合器分离不彻底

1）离合器分离不彻底造成的故障现象

（1）离合器踏板踩到底时，离合器处于半接合状态，其从动盘没有完全与主动盘分离，换挡困难。

（2）挂低速挡时，离合器踏板尚未完全放松，汽车就有起步发抖或发动机熄火的现象。

2）离合器分离不彻底的主要原因

（1）离合器踏板行程过小，使离合器分离不彻底。

（2）离合器液压管路进入空气。

（3）主缸或分离缸漏油、变形和发卡。

（4）从动盘翘曲、铆钉松脱，摩擦衬片松动。

（5）压盘受热变形翘曲。

（6）摩擦片弹簧弹力减弱或分离指端磨损过度。

（7）摩擦片弹簧分离指端不平齐。

（8）离合器操纵机构中拉索端头紧固螺栓松动或紧固螺栓失效。

（9）离合器操纵机构拉索发卡，离合器踏板踩不到。

（10）其他相关的原因。

3）离合器分离不彻底的故障原因与排除方法（见表 3-1-2）

表 3-1-2　离合器分离不彻底故障原因和排除方法表

故障原因	排除方法
离合器盘损坏	更换离合器总成
输入轴花键上的离合器盘毂卡滞	更换离合器总成
离合器盘翘曲或弯曲	更换离合器总成
踏板卡在最大行程位置	1. 检查是否有阻碍踏板踩至地板的障碍物； 2. 清除踏板区域下的所有障碍物，例如地板垫或内饰板
踏板和液压离合器主缸之间行程过大	1. 检查踏板衬套是否磨损； 2. 如果踏板衬套磨损，则将其更换
液压离合器主缸卡死或卡滞	1. 检查主缸活塞是否能够自由移动并能在整个行程范围内移动； 2. 必要时，更换离合器主缸
离合器液压系统中有空气	排出离合器液压系统中的空气
液压离合器工作缸卡死或卡滞	1. 检查离合器工作缸活塞是否能自由移动； 2. 如果活塞卡滞，则更换离合器工作缸
液压离合器主缸内部泄漏	1. 检查踏板余量是否正确 踏板升到一半； 踩下踏板几次； 检查以确保仍有适当的踏板余量； 2. 如果不能保持踏板余量，则更换离合器主缸

二、基本技能

离合器典型的故障诊断

对于离合器打滑或分离不彻底的故障,都应该对离合器进行就车检查和离合器总成检查。

1）准备工作

（1）防护装备：工作服、工作帽、手套、劳保鞋。

（2）车辆、台架、总成：卡罗拉整车、离合器总成。

（3）专用工具：离合器总成安装工具（09301-0020）；膜片弹簧顶端检查工具（09333-00013）；检查离合器管路工具（09992-00242）。

（4）测量工具：直尺、游标卡尺、带滚子的百分表、刀口尺。

（5）手工工具：拆装工具一套。

（6）辅助材料：翼子板布和前格栅布、三件套、3 颗离合器工作缸总成安装螺栓、离合器花键润滑脂、制动液回收瓶、抹布、手套、白板笔。

2）就车检查步骤

离合器系统故障诊断流程如图 3-1-1 所示。

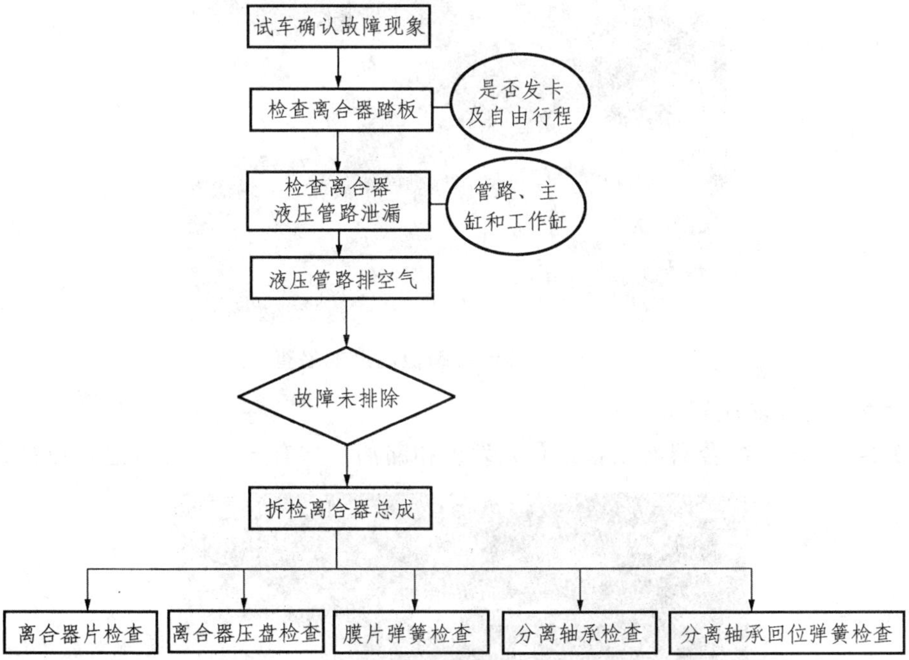

图 3-1-1 离合器检查流程图

（1）检查离合器踏板是否发卡。

如图 3-1-2 所示，看有无异物导致离合器踏板发卡或不能踩到底。如果发现异常，则应进行清除异物。

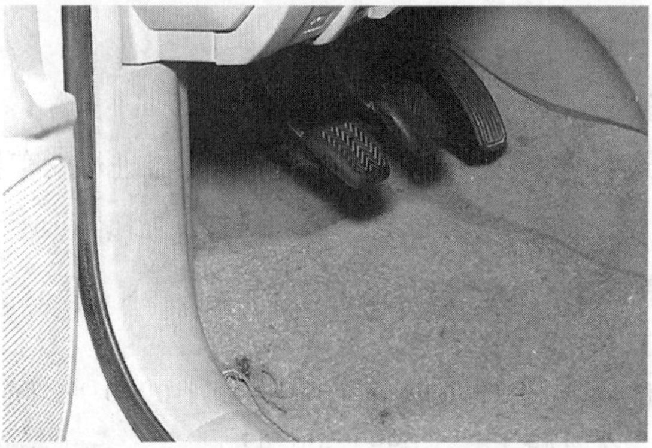

图 3-1-2　检查离合器踏板附近有无障碍物

（2）检查离合器踏板高度。

如图 3-1-3 所示，测量并调节离合器踏板高度。

离合器踏板高度：143.6 ~ 153.6 mm

注意：钢尺测量时不能保证与离合器踏板高度垂直，将会导致测量数据错误。

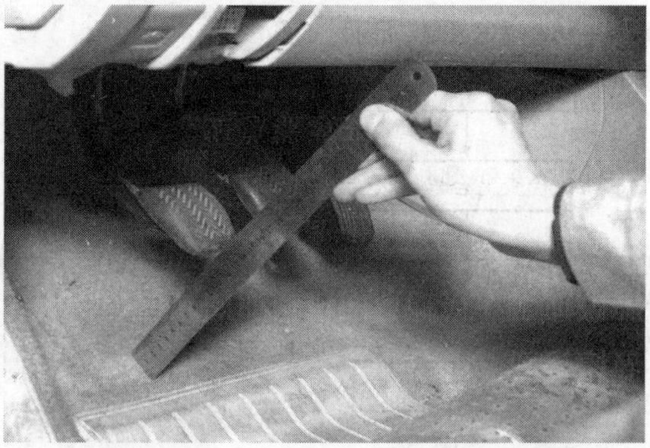

图 3-1-3　离合器踏板高度的检查

（3）检查离合器液压管路。

如图 3-1-4 所示，离合器液压管路有无裂纹和漏油，如有异常，必须进行更换或维修。

图 3-1-4　离合器液压管路检查

（4）检查离合器主缸和工作缸。

如图 3-1-5 所示，检查离合器主缸（制动总泵）有无漏油、变形、发卡现象。

检查离合器工作缸（分泵）有无漏油、变形、发卡现象。

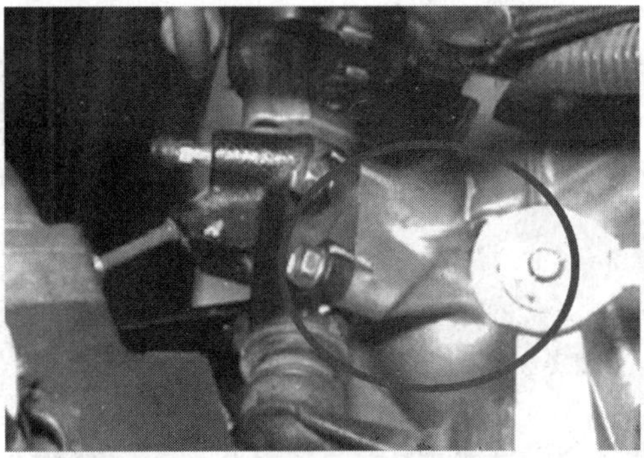

图 3-1-5　离合器工作缸检查

（5）离合器液压管路排气。

如图 3-1-6 所示，完全排出液压管路中的气体。

图 3-1-6　离合器管路排气

3）总成检查步骤

拆卸离合器总成（参照离合器检修或维修手册的拆卸步骤，如已经拆卸则省略本步骤），并做如下检查：

（1）检查离合器片外观。

如图 3-1-7 所示，检查离合器片有无脏污、烧蚀、油污、破裂等现象。

图 3-1-7　离合器的外观检查

（2）测量离合器片。

如图 3-1-7 所示，测量离合器片铆钉深度。

铆钉深度不小于 0.3 mm，小于规定值更换离合器片。

图 3-1-8　离合器片的测量

（3）测量离合器压盘。

如图 3-1-9 所示，使用百分表测量离合器压盘轴向跳动，或用刀口尺测量平面度。

最大轴向跳动为 0.8 mm，大于规定值更换离合器压盘总成。

图 3-1-9　离合器压盘的测量

（4）测量离合器膜片弹簧。

如图 3-1-10 所示，采用游标卡尺测量离合器膜片弹簧的磨损深度和宽度。

最大深度为 0.5 mm，超出规定值更换离合器盖总成。

最大宽度为 6.0 mm，超出规定值更换离合器盖总成。

图 3-1-10　测量离合器膜片弹簧的磨损深度和宽度

（5）测量飞轮的轴向跳动。

如图 3-1-11 所示，采用百分表测量飞轮的轴向跳动。

最大轴向跳动为 0.6 mm，超出规定值更换飞轮总成。

图 3-1-11　测量飞轮的轴向跳动

（6）检查离合器分离轴承。

a. 目视检查离合器分离轴承是否损坏和磨损。

b. 如图 3-1-12 所示，在轴向施力时，旋转离合器分离轴承总成的滑动部件，检查并确认离合器分离轴承总成移动平稳且无异常阻力。

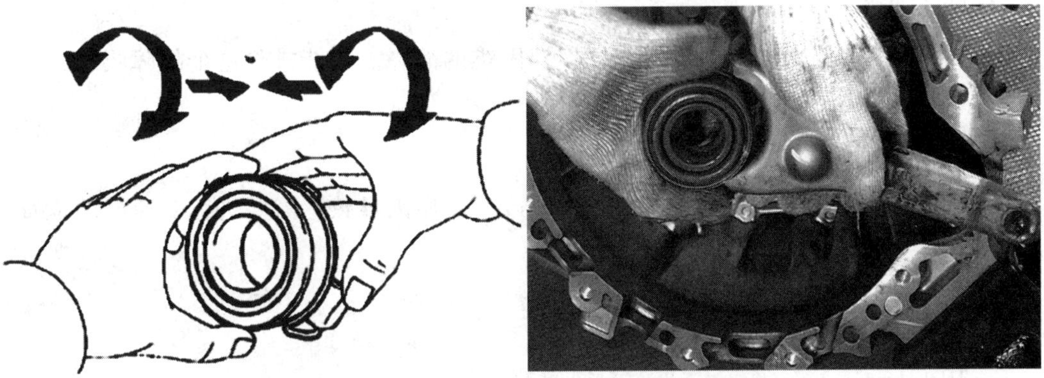

图 3-1-12　检查离合器分离轴承

三、学习小结

（1）离合器打滑造成的故障现象和原因。

（2）离合器分离不彻底造成的故障现象和原因。

（3）离合器典型故障的诊断与排除步骤。

四、任务分析

本情境中，是离合器打滑的现象，进行故障诊断与维修时，应参照流程图，按照简单到复杂的原则进行排除。发现故障点应根据实际情况，进行调整、维修或更换。

五、自我评估

1. 填空题

（1）汽车用低挡起步时，放松离合器踏板时起步困难，原因可能是离合器__________。
（2）汽车换挡困难，原因可能是离合器__________。

2. 判断题

（1）离合器液压系统进入空气导致离合器打滑。(　　)
（2）离合器膜片弹簧过度磨损会导致离合器打滑。(　　)
（3）离合器膜片弹簧损坏会导致离合器打滑。(　　)
（4）离合器液压管路进入空气会导致离合器分离不彻底。(　　)

工作任务二　手动变速器换挡困难及其他故障诊断

任务情境

一、任务描述

一辆卡罗拉手动挡轿车，出现变速杆换挡困难的故障。你能排除这个故障吗？

二、任务提示

根据故障现象，可能手动变速器操纵机构或内部原因导致，需要进行变速器的检查。

任务目标

一、知识目标

（1）能描述手动变速器换挡困难的故障现象。
（2）能描述手动变速器换挡困难的原因。

二、能力目标

能够对手动变速器换挡困难进行故障诊断与排除。

必备知识

一、基本知识

手动变速器典型的故障是换挡困难甚至无法换挡，可能是一个挡位，也可能是全部挡位出现故障。

1. 手动变速器换挡困难造成的故障现象

（1）变速器不能顺利挂入任何挡位。

（2）手动变速器不能顺利挂入某个挡位，其他挡位正常。

2. 手动变速器换挡困难的原因

所有挡位都换挡困难：

（1）离合器不分离或分离不彻底。

（2）变速杆变形或挡位操纵机构调整不当。

（3）拨叉弯曲变形。

（4）同步器滑块卡滞或磨损。

（5）自锁或互锁装置卡滞。

变速杆不能顺利挂入一个挡位，而其他挡位正常：

（1）同步器不良。

（2）齿轮端面毛糙。

（3）挡位杆松旷。

（4）齿轮与轴配合不良。

二、基本技能

手动变速器换挡困难故障诊断

手动变速器换挡困难故障或无法换挡诊断流程如图 3-2-1 所示。

1）准备工作

（1）防护装备：工作服、工作帽、手套、劳保鞋。

（2）车辆、台架、总成：卡罗拉整车、变速器总成。

（3）车间设备：举升机。

（4）专用工具：带滚子的百分表。

（5）测量工具：间隙规、游标卡尺。

（6）手工工具：拆装工具一套。

（7）辅助材料：翼子板布和前格栅布、三件套、变速器油、抹布、手套、白板笔。

2）就车检查步骤

（1）检查离合器的分离情况。

a. 举升车辆离地 10 cm 左右。

b. 启动发动机，怠速运转。

c. 踩下离合器挂入一挡，观察车轮是否转动，如车轮转动则拆卸离合器并检查离合器总成。

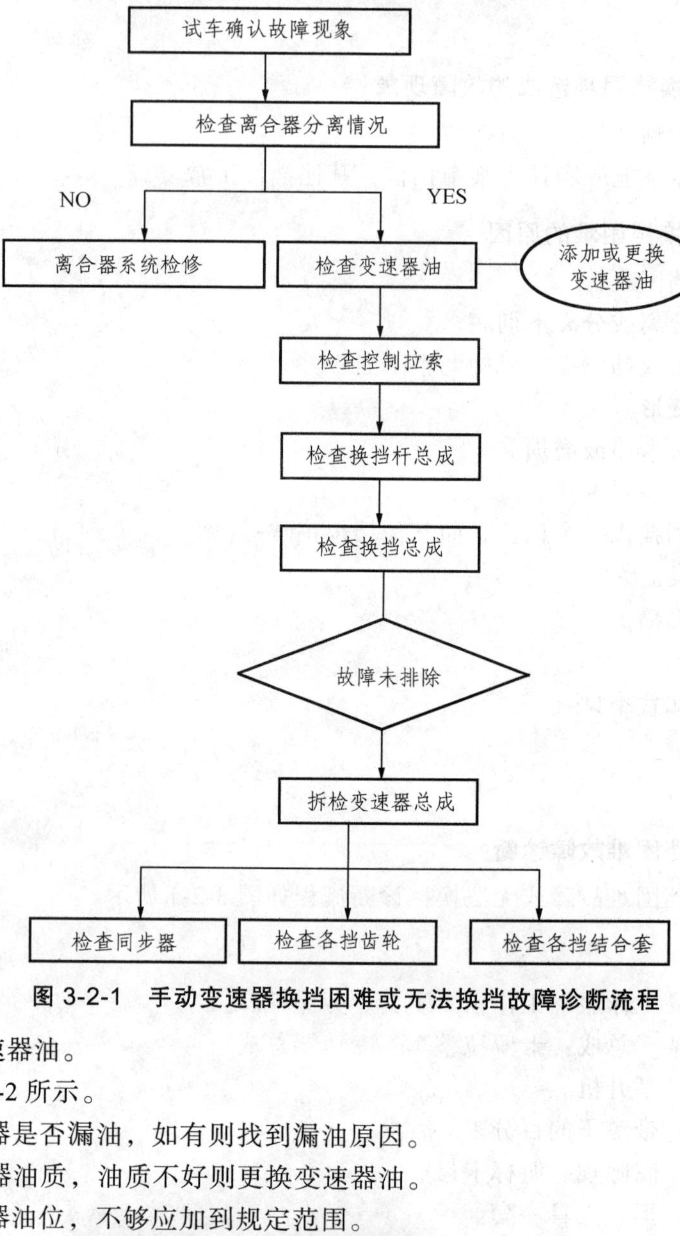

图 3-2-1　手动变速器换挡困难或无法换挡故障诊断流程

（2）检查变速器油。

要求如图 3-2-2 所示。

a. 检查变速器是否漏油，如有则找到漏油原因。

b. 检查变速器油质，油质不好则更换变速器油。

c. 检查变速器油位，不够应加到规定范围。

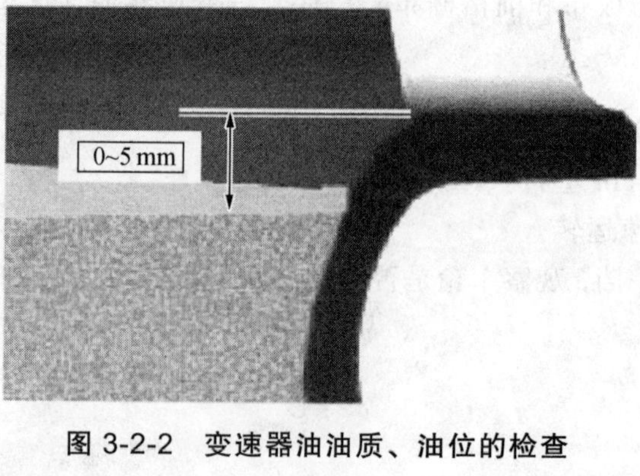

图 3-2-2　变速器油油质、油位的检查

（3）检查变速器控制拉索。

a. 举升车辆检查变速器拉索是否松动或过度磨损。

b. 如图 3-2-3 所示，打开变速器控制拉索调节盒，检查变速器控制拉索的位置，如不对应进行调整。

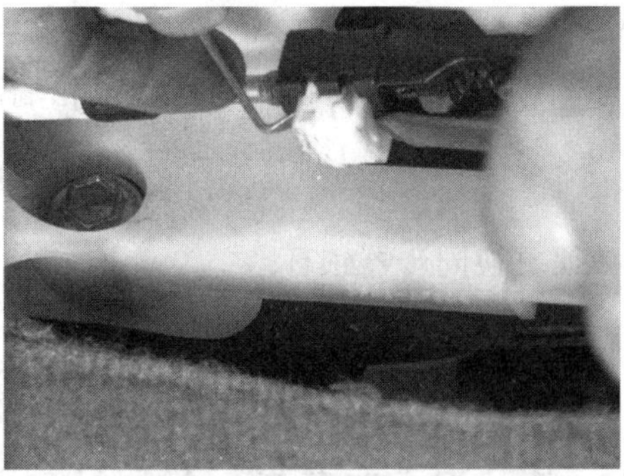

图 3-2-3　打开变速器控制拉索调节盒

（4）检查换挡杆总成。

a. 拆卸变速器换挡总成。

b. 检查换挡总成的磨损情况。

c. 如图 3-2-4 所示，检查换挡总成的控制拉索端子磨损情况。

图 3-2-4　检查变速器拉索的磨损情况

（5）检查变速器换挡总成。

a. 换挡总成的自锁、互锁检查。

b. 如图 3-2-5 所示，换挡总成磨损检查。

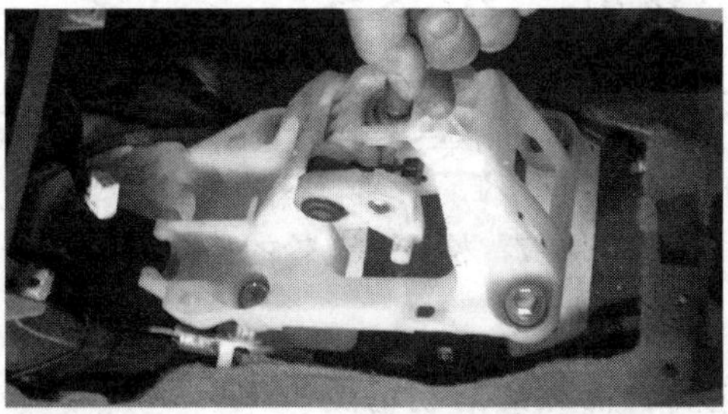

图 3-2-5　换挡总成的磨损检查

3）分解检查步骤

（1）拆解手动变速器。

拆解变速器总成（参照变速器传动机构检修或维修手册的拆解步骤，如已经拆解则省略本步骤）。

（2）检查变速器同步器。

a. 外观检查同步器有无破裂。

b. 检查同步器的转动情况。

c. 如图 3-2-6 所示，用间规测量各同步器锁环与花键齿轮端部间隙，与规定值比较。

标准间隙：0.75 ~ 1.65 mm。

最小间隙：0.75 mm。

如果间隙小于最小值，必须更换同步器锁环。

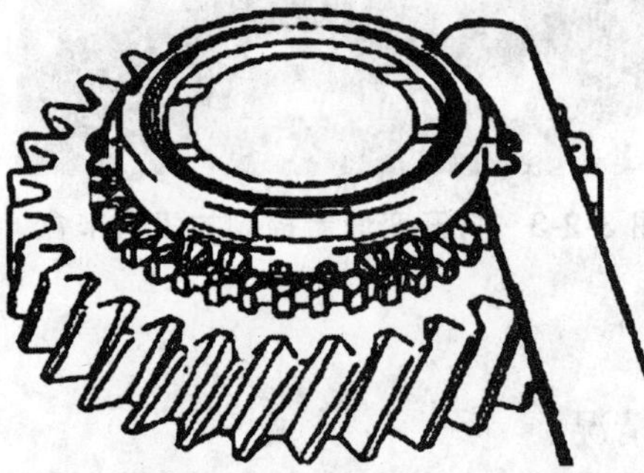

图 3-2-6　测量同步器锁环与花键齿轮端部间隙

（3）检查变速器齿轮。

a. 检查各齿轮的磨损、缺齿现象。

b. 检查各齿轮的轴向间隙，与规定值比较。

c. 如图 3-2-7 所示，检查各齿轮的径向间隙，与规定值比较。

间隙标准值：0.10 ~ 0.35 mm（3 挡为例）。

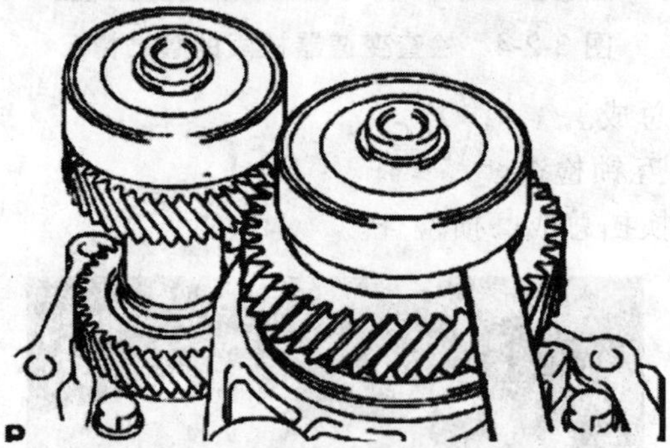

图 3-2-7　检查各齿轮的径向间隙

（4）检查接合套。

a. 检查各接合套和对应离合器毂的滑动情况。

b. 检查并确认各接合套的花键端部未磨损。

c. 如图 3-2-8 所示，用游标卡尺测量各接合套凹槽的宽度和对应拨叉卡爪部分的厚度，并计算间隙与标准进行比较。标准间隙 $A - B = 0.15 \sim 0.35$ mm。

如果间隙超出规定范围，必须更换结合套和换挡拨叉。

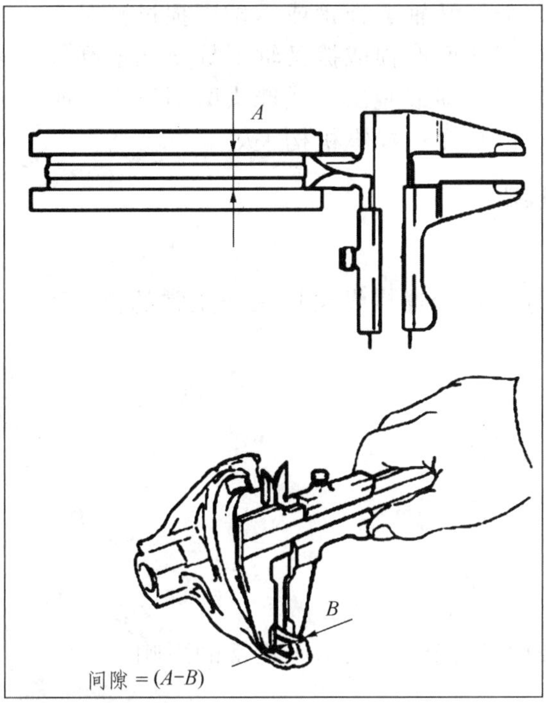

图 3-2-8　测量各接合套凹槽的宽度和对应拨叉卡爪部分的厚度

三、拓展知识

手动变速器的常见故障有自动脱挡、乱挡、换挡困难或无法换挡、异响发热和漏油等。

1. 自动脱挡

1）故障现象

汽车在某一挡位行驶时，变速杆自动跳回空挡位置（一般在加、减速以及汽车剧烈跳动时较易发生）。

2）故障原因

（1）自锁装置的钢球或凹槽磨损严重，自锁弹簧疲劳过软或折断。
（2）挂入挡后，轮齿未达到全齿长啮合。
（3）齿轮、齿圈或齿套的轮齿，在啮合端沿齿长方向磨损成锥形。
（4）输入轴、输出轴的轴承磨损过于松旷。
（5）同步器两侧的常啮合齿轮轴向或径向间隙过大。
（6）各轴的轴向或径向间隙过大。

2. 乱挡

1）故障现象

在离合器技术状况正常情况下，变速器同时挂入两个挡位，或不能挂入所需要的挡位。

2）故障原因

（1）互锁装置失效，如拨叉轴、顶销或钢球磨损过甚等。

（2）变速杆下端弧形工作面磨损或拨叉轴上导块凹槽磨损过大。

（3）变速杆球头定位销磨损或脱出，或球头磨损过于松旷。

总之，乱挡的主要原因是变速操纵机构失效。

3. 换挡困难或无法换挡

1）故障现象

离合器技术状况良好，且变速操纵机构工作正常的情况下，变速器不能挂挡或挂挡时有撞击声。

2）故障原因

（1）同步器技术状况不良。

（2）换挡机构故障。

4. 异响

1）故障现象

变速器在工作挡位或在空挡时，发出不正常的声响。

2）故障原因

（1）齿轮啮合响。新更换的齿轮副啮合不正常；齿轮磨损成阶梯状；齿轮牙齿折断；齿轮齿侧间隙过大等。

（2）轴承响。轴承磨损松旷；轴承损坏；润滑油的油品油质不符合要求等。

（3）其他原因发响。润滑油油量不过；油品油质不符合要求；花键与毂配合松旷；紧固螺栓松动等。

5. 发热与漏油

1）故障现象

（1）汽车行驶一段路程后，用手触摸变速器外壳有烫手感觉，即为变速器发热故障。

（2）变速器漏油是齿轮油从轴承盖或接合部位渗漏出来。

2）故障原因

（1）变速器发热主要原因有：轴承装配过紧、齿轮啮合间隙过小、缺少齿轮油或齿轮油选用不当等。

（2）变速器漏油主要原因有：衬垫密封不良、油封损坏、壳体破裂、紧固螺栓松动、齿轮油过多或通气孔堵塞等。

四、学习小结

（1）手动变速器换挡困难造成的故障现象。

（2）手动变速器换挡困难的原因。

（3）手动变速器换挡困难的诊断思路。

五、任务分析

手动变速器换挡困难的原因很多，检修时应按流程进行诊断，根据简单到复杂的原则进行故障排除。

六、自我评估

1. 填空题

（1）变速器所有挡位都换挡困难，离合器主要原因是____________________________。

（2）变速器所有挡位都换挡困难，变速器内部主要原因是____________________________。

2. 判断题

（1）离合器分离不彻底将导致无法挂挡。（　　）

（2）同步器损坏只能导致一个挡位无法挂挡。（　　）

工作任务三　自动变速器挂挡不能行驶及其他故障诊断

任务情境

一、任务描述

一辆 2010 款丰田卡罗拉 GL 轿车，装备 U340E 自动变速器，客户报修起动车辆后挂入前进挡无法行驶。

你的主管将任务交给你，你能独自完成这个工作任务吗？

二、任务提示

经初步诊断发动机及电控系统没问题，现怀疑故障发生在自动变速器系统，现需根据具体故障现象进行合理的故障诊断与排除。

任务目标

一、知识目标

（1）能描述自动变速器挂挡不能行驶的故障现象及主要原因。

（2）能描述自动变速器系统故障排除的基本思路。

二、能力目标

（1）能进行自动变速器挂挡不能行驶的故障诊断。
（2）能对自动变速器常见故障进行检修方案的制订与实施。

必备知识

一、基本知识

自动变速器故障排除基本思路

由于自动变速器的结构复杂，控制精确，故障复杂，因此它的故障诊断与排除过程相对困难一些，但只要我们能理清思路，找到问题的根本原因，应该能对大部分故障难题迎刃而解。

当一台自动变速器出现故障以后，我们首先应对其进行一些必要的常规检查，这相当于医疗诊断中的“预诊”，即为下一步诊断工作做好充分的准备工作，以确定病因的范围。常规检查的实质就是一个询问与了解的过程，主要对汽车的运行状况进行摸底，如常行驶的区域、路况、维修与保养情况、故障出现时的规律与征兆（温度、负荷、挡位、偶发性等）。做好了初步准备工作，也为下一步的检查诊断打下了基础。

在掌握了汽车自动变速器的一手资料以后，我们可对自动变速器进行一下基础检查与调整工作，也许有些故障从现象来分析，不一定与基础检查有直观的联系，但出于有备无患的角度考虑，即使维修人员麻烦一些，检查的项目多几个，也总是有益无害的。

基本检查是帮助我们大致区分故障范围的有效方法，相当于医疗诊断中的“初诊”，即初步确定故障可能的原因范围，其内容主要是排除故障在发动机部分还是在自动变速器的外部连接装置，及对其“血液”液压油进行检验分析。由于自动变速器与发动机间存在着某些故障的符合关系，即自动变速器出现的故障现象亦有可能是发动机自身故障所导致的，如发动机怠速过高，会造成“闯车”现象正好与自动变速器换挡过程冲击大有相似之处；怠速过低易造成发动机怠速不稳定和起步熄火，又与自动变速器内部运行阻力大有一样的可能性；又如发动机自身功率下降又和自动变速器升挡过程延迟有一样的现象。因此，在自动变速器检修之前我们必须先确定发动机技术状况是良好的。排除发动机的故障可能性后，我们还需对自动变速外部影响挡位变换的连接装置进行检查与调整，如节气门拉索松紧度、空挡开关初始位置、换挡手柄初始位置的检查与调整，因为它们都直接关联着自动变速器的换挡工作情况。由于现在大部分自动变速器已取消了节气门拉索，而用节气门位置传感器信号代替其功能，但其检查的实质是不变的，我们可以换成节气门位置传感器位置信号的检查。之后，自动变速器油的检查也是必不可少的，因为太多的故障都是由于油的问题而造成的引发故障，我们需对油的品质和油量进行认真的检查，核实品牌与型号，了解使用的周期，从颜色和杂质规律分析出大概是哪一系统有故障的隐患。在此基础上，我们可进行更深入的内部检修。

在进行完“预诊”（常规检查）—“预诊”（基础检查）后，下一步就该是“确诊”了。由于自动变速器结构、原理、控制过程都比较复杂，因此，我们在进行自动变速器内部故障诊断分析时，必须有一个明确的思路与目标，切忌盲目拆卸。所以，我们有必要借助一些专用的仪器、设备对自动变速器进行一下明确的诊断，而自动变速器的性能试验正是很准确与有效的方法之一。

我们现在所使用的自动变速器大部分为电控方式，因此自动变速器的内部故障大致可分为电气故障、机械故障和液压故障。对于电气系统的故障我们可以借助相关的解码器进行诊断，也可以用手动换挡试验（大部分自动变速器都有保挡功能，即电气系统发生故障后，可保证其基本挡位的运行）进行简单的区分。机械故障与液压故障的排除相对难度大一些，以借助设备（自动变速器综合性能检验台）、通过试验的分析（自动变速器主要的试验有油压试验、失速试验、时滞试验、道路试验等），找出内部故障点根本所在。

二、基本技能

1. 自动变速器挂挡不能行驶故障诊断

1）故障现象

（1）无论选挡杆位于任何前进挡或倒挡时，汽车都不能行驶。

（2）冷车启动后汽车能行驶一小段路程，但热车状态下汽车不能行驶。

2）故障原因

（1）油面过低或自动变速器冷却系统严重泄漏。

（2）油压电子阀或线路故障。

（3）换挡电磁阀或线路故障。

（4）ECU 或线路故障。

（5）油泵损坏或进油滤网堵塞。

（6）主油路严重泄漏。

（7）选挡杆与手控阀之间的连接杆或拉线松脱，手控阀保持在空挡或停车挡位置。

（8）超速离合器及超越单向离合器打滑。

（9）D1 挡位、R 位离合器、制动器打滑。

（10）变矩器故障或内部传动机构折断。

（11）停车闭锁机构故障。

（12）汽车其他部位故障。

3）诊断与排除

自动变速器挂挡后不能行驶的诊断流程如图 3-3-1 所示。

诊断与排除方法如下：

（1）首先排除发动机和其他总成的故障。

（2）对电控自动变速器，若故障灯闪亮应先用诊断仪器进行检测，并按故障代码的指示排除电控系统相关部位（主油路油压电磁阀、换挡电磁阀、ECU 及线路等）的故障。

（3）检查油面高度和油质：

拔出油尺，若油尺上无油或油面过低，应检查油底壳、自动变速器油散热器、油管等处有无泄漏，严重泄漏处，应修复并按规定重新加油。若油面正常，应对自动变速器器油牌号、自动变速器油质量进行检查，若牌号不符合规定或油变质，应按规定换油。

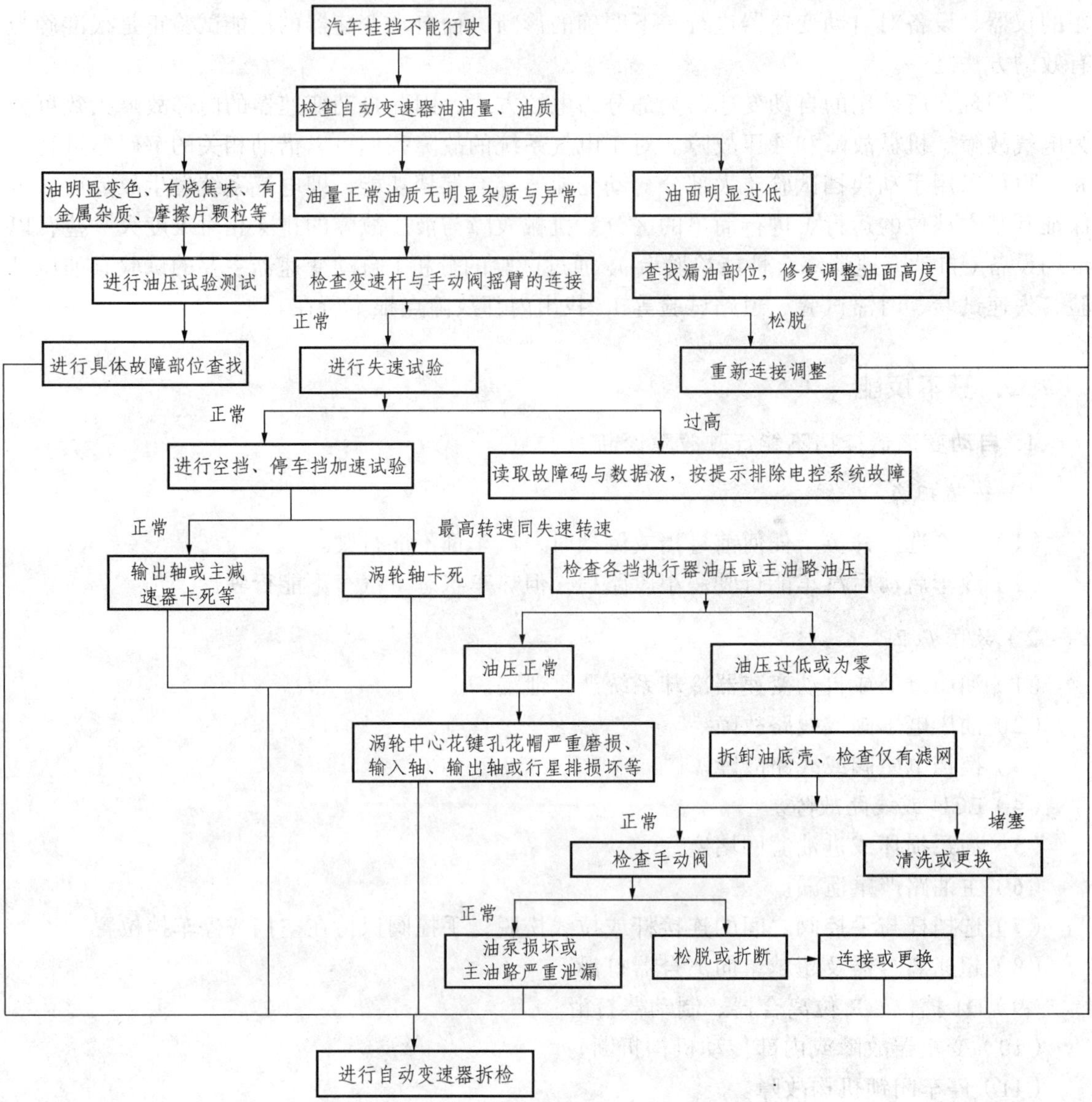

图 3-3-1　挂挡不能行驶检测流程

（4）检查换挡杆与手控阀之间的连杆或拉线，如有松脱，应予以装复，并重新调整选挡杆基准位置。

（5）进行失速试验，检查液力变矩器工作情况。若工作异常，可能是变矩器内部故障或传动机构折断，应拆检自动变速器，视情况予以修复或更换。

（6）检测主油路油压。拆下主油路测试孔上的螺塞，装上油压表，启动发动机，将选挡杆拨至前进挡或倒挡位置，检查主油路油压（若无油压表，可拆下测试孔上的螺塞，观察油液的流出情况）。

若主油路没有油压，应打开油底壳，检查手控阀摇臂轴与摇臂有无松脱、手控阀阀芯有无折断或脱钩，若有应予以重新连接或更换。若手控阀正常，应检查安全阀有无卡滞或弹簧折断，若完好，则说明可能油泵工作不良，应拆卸自动变速器，检修油泵。若主油路油压较低，应检查油泵进油滤网有无堵塞，若堵塞应清洗或更换；若无堵塞，说明油泵损坏或主油路严重泄漏，应拆检自动变速器，予以修复或更换。若冷车时主油路有一定的油压，但热车后油压明显下降，说明油泵间隙过大，漏油严重，应检修或更换油泵。

（7）若主油路油压正常，则可能是超速离合器及超速单向离合器打滑，或 D1 挡位、R 位离合器、制动器打滑，应拆检自动变速器，检测离合器、制动器间隙及相关油路有无泄漏。

2. 自动变速器换挡冲击过大故障诊断

1）故障现象

（1）起步时，变速杆从 P 位或 N 位挂入 D 位或 R 位时，汽车振动大。

（2）行驶中，自动变速器升挡瞬间产生冲击。

2）故障原因

（1）发动机怠速过高。

（2）节气门拉锁调整不当或节气门位置传感器或线路故障。

（3）车速传感器或线路故障。

（4）真空式节气门阀的真空软管破裂或松脱。

（5）主油路调压阀有故障，使主油路油压过高。

（6）蓄压器调压阀、各相关调压阀故障。

（7）蓄压器活塞卡住，不能起减振作用。

（8）单向阀钢球漏装，换挡执行元件（离合器或制动器）接合过快。

（9）相关换挡执行元件打滑。

（10）锁止阀或锁止电磁阀故障（若锁止时换挡冲击过大）。

（11）ECU 或线路故障。

（12）汽车其他部位故障。

3）诊断与排除

自动变速器换挡冲击过大诊断流程如图 3-3-2 所示。

诊断与排除方法如下：

（1）首先排除汽车其他部位如传动系的故障，确诊换挡冲击过大是自动变速器原因所致。

在诊断过程中，必须根据故障车的具体故障征兆（如所有挡位升挡时换挡冲击过大或仅在挂起步挡时、1→2 挡时、2→3 挡时、3→4 挡时、锁止时换挡冲击较大等），检测不同故障相关故障部位。

（2）对电控自动变速器，若故障指示灯闪亮，应读取故障代码，并按提示检修电控系统相关部位（传感器、油压电磁阀、ECU 及线路等），排除电控系统故障。

（3）检查发动机怠速。发动机怠速一般为 800 r/min 左右若怠速过高，应进行检修调整。

（4）检查节气门拉锁（液控式自动变速器），如不符合应予以调整或更换；若节气门阀为真空式，应检查真空膜片、真空管等有无损坏；电控式自动变速器可检查节气门位置传感器的工作状况是否正常。

（5）检测油路油压。视故障现象，检测可能导致故障的油路油压（主油路油压、蓄压器油压、或某一离合器、制动器油路的油压、速控油压等），尤其注意检查单向节流阀是否错装或漏装。

（6）若油压正常，应进行时滞试验和道路试验，检测是否升挡延迟、有无卡滞现象、各换挡执行器等，若有，应拆检自动变速器，检查各挡位执行元件，并调整间隙，必要时更换。

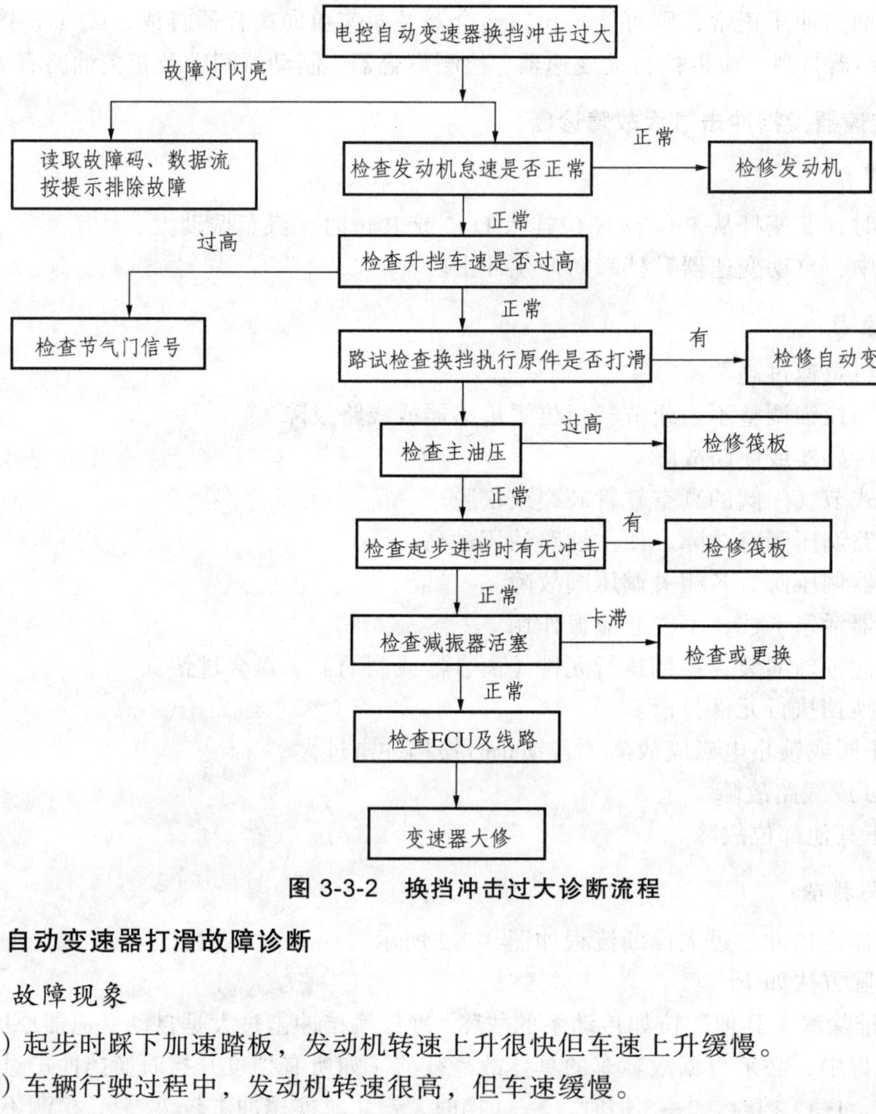

图 3-3-2　换挡冲击过大诊断流程

3. 自动变速器打滑故障诊断

1）故障现象

（1）起步时踩下加速踏板，发动机转速上升很快但车速上升缓慢。

（2）车辆行驶过程中，发动机转速很高，但车速缓慢。

（3）车辆在上坡或急加速时，发动机转速很快升高，但感觉上坡或加速无力，车速无法很快的提升。

（4）当车辆行驶过程中换多个挡位发动机转速突然升高，但车速提高缓慢。（如 D 位 1 挡、D 位 2 挡、D 位 3 挡均有打滑现象，而 D 位 4 挡正常）

（5）当车辆行驶过程中换单个挡位发动机转速突然升高，但车速提高缓慢（如在 D 位 1 挡打滑，D 位 2 挡正常或者是 D 位 1 挡正常，D 位 2 挡打滑）。

2）故障原因

（1）液压油油面太低，油路压力过低。

（2）液压油油面太高，运转中被行星排剧烈搅动后产生大量气泡。

（3）离合器或制动器摩擦片、制动带磨损过甚或烧焦。

（4）油泵磨损过甚或主油路泄漏，造成油路油压过低。

（5）单向离合器打滑。

（6）离合器或制动器活塞密封圈损坏，导致漏油。

（7）减振器活塞密封圈损坏，导致漏油。

（8）主调压阀与压力控制电磁阀损坏导致变速器油压变低或变高。

（9）其他部位原因。

3）诊断与排除

自动变速器打滑诊断流程如图 3-3-3 所示。

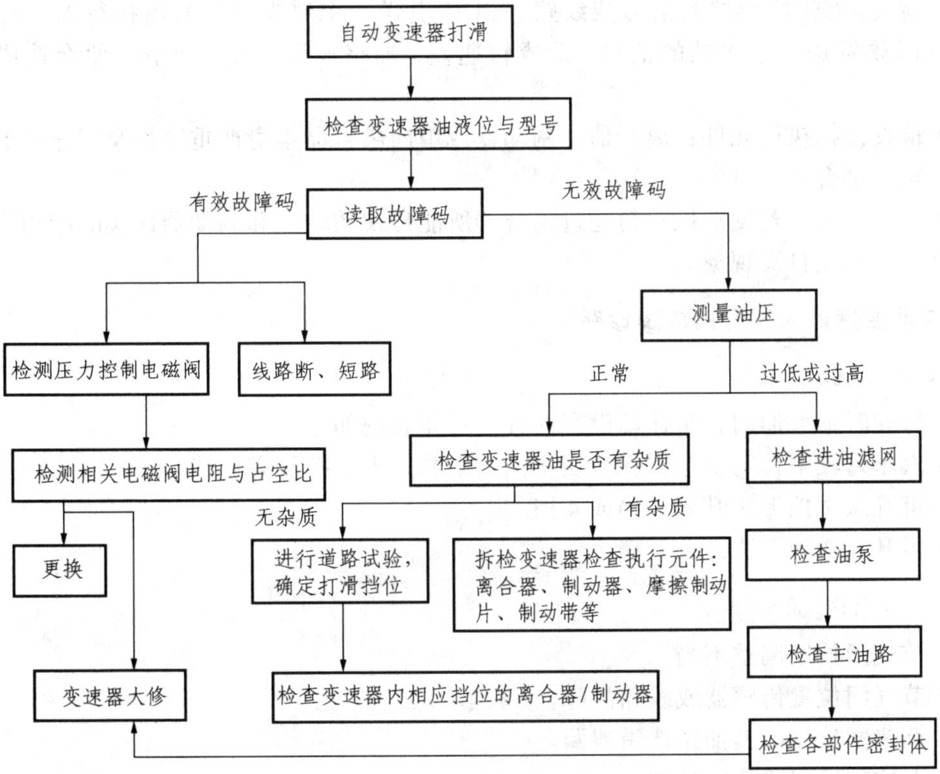

图 3-3-3　自动变速器打滑诊断流程

诊断与排除方法如下：

（1）检查油品：添加或更换了非指定用油。从某种意义讲，自动变速器是先基于某种油液设计的，在一定的片数、摩擦面积和特定的压力下，所能传递的力矩是确定的。如果更换了不同型号的油液，如果摩擦系数变大，就会出现换挡冲击，如果摩擦系数变小，就会出现打滑。某些劣质油液还可能造成变速器内部密封件的老化、膨胀或失效，造成打滑。

（2）检查液面高度：液面过低，会导致主油路油压降低；液面太高，运转中被行星排剧烈搅动后产生大量气泡，油液内有空气会影响变速器内执行元件的工作，造成打滑。

（3）检查主油压：如果自动变速器液面过低、滤清器堵塞、油泵严重磨损、主油路泄露、主调压阀或压力控制电磁阀不良，会使主油压过低，主油压过低可造成多个执行元件的打滑、烧损。

（4）检查各挡位油压：单个执行元件的工作油压过低。该执行元件的活塞密封圈损坏、油路密封圈损坏、蓄压器泄露、节流装置堵塞等都有可能会造成对应工作元件的打滑和烧损，在相应挡位出现打滑，这种打滑还往往伴有冲击，即先打滑后冲击。

（5）检查自动变速器节气门操纵机构：对于全液控制变速器，节气门操纵系统控制着换挡点和主油压，节气门拉线调整过松，或节气门阀不良，会造成换挡过早和主油过低，换挡过早会增大发动机和传动系统负荷，主油压过低会造成离合器或制动带打滑。

（6）检查压力调节电磁阀：压力控制电磁阀本身问题或线路问题都会造成主油压过低。

（7）检查 ECU 控制控制信号或线路：ECU 发送一个错误的信号给执行器，比如说：在 2 挡的时候发送一个 1 挡的信号，造成转速差，油路油压也相应变化，便会造成离合器打滑。

（8）检查换挡执行元件：离合器、制动器或单向离合器本身严重磨损及摩擦片磨损严重或烧蚀严重，都会产生打滑。

（9）其他原因：若发动机负荷超过离合器所能传递的转矩和制动器最大的摩擦力矩，自动变速器就会出现打滑现象。

4. 自动变速器无法升挡故障诊断

1）故障现象

汽车行驶时加大油门，车速却没有提升，具体表现如下：

（1）汽车行驶中自动变速器保持在 1 挡，不能升入 2 挡及高速挡。

（2）可升入 2 挡无法升入 3 挡或 4 挡。

（3）可升入 3 挡无法升入 4 挡。

2）故障原因

（1）节气门拉锁调整不当。

（2）节气门位置传感器或线路故障。

（3）调速阀故障或其油路严重泄漏。

（4）车速传感器或线路故障。

（5）相关挡位离合器、制动器故障。

（6）相关挡位换挡阀卡滞。

（7）相关挡位换挡电磁阀或线路故障。

（8）挡位开关或线路故障。

（9）ECU 或线路故障。

（10）其他部位故障。

3）诊断与排除

自动变速器无法升挡故障诊断流程如图 3-3-4 所示。

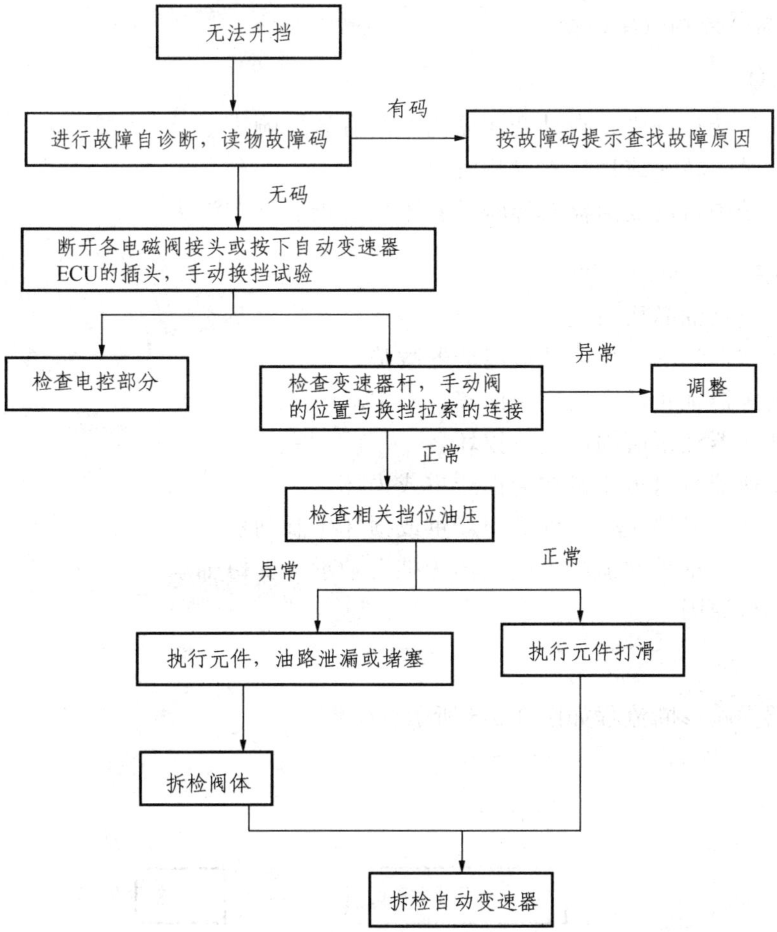

图 3-3-4　自动变速器无法升挡故障诊断流程

诊断与排除方法如下：

（1）故障诊断时，应根据具体故障现象如 1→2 挡、或 2→3 挡、或 3→4 挡、或所有挡位均不能升挡，查找相关故障原因，检修相关故障部位。

（2）对电控自动变速器，应先读取故障码，按提示检修相关传感器（车速和节气门位置）、挡位开关、换挡电磁阀、ECU 及线路等。

（3）按规定重新调整节气门拉锁。

（4）测量调阀油压。

若车速升高后调速阀油压仍为零或很低，则为调速阀有故障或调速阀的油路严重泄漏，应拆解调速阀。调速阀如有卡滞，应分解清洗，并将阀芯和阀孔用金镶纸抛光，若清洗抛光后仍有卡滞，应更换调速阀。用压缩空气检查调速阀油路有无泄漏，如有泄漏应更换密封圈和密封油环。

（5）若调速阀油压正常，应拆卸阀体检查各换挡阀。如有卡滞，应用金相纸抛光，清洗后装复，如不能修复，应更换阀体。

（6）若电控系统和阀体无故障，应分解自动变速器，检查相关换挡元件有无打滑。用压缩空气检查各离合器、制动器油路或活塞有无泄漏，视情况修复或更换。

5. 自动变速器异响故障诊断

1）故障现象

（1）在汽车运转过程中，自动变速器内始终有异常响声。

（2）汽车在某一转速或挡位有异响发出。

（3）汽车行驶中自动变速器有异响，停车挂空挡后异响消失。

2）故障原因

（1）自动变速器油品质不良。

（2）自动变速器油液过低、油液滤清器故障。

（3）液力变矩器锁止离合器、单向离合器损坏。

（4）自动变速器油泵磨损严重或损坏。

（5）自动变速器行星齿轮机构磨损严重或损坏。

（6）自动变速器换挡执行元件磨损严重或损坏（制动器、离合器）。

（7）自动变速器轴承磨损严重或损坏（推力轴承、支撑轴承）。

（8）其他部位原因。

3）诊断与排除

自动变速器异响诊断流程如图 3-3-5 所示。

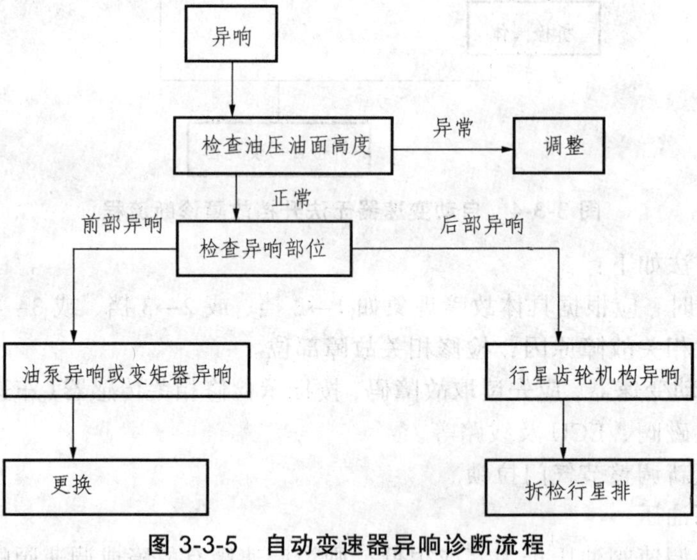

图 3-3-5　自动变速器异响诊断流程

诊断与排除方法如下：

（1）检查自动变速器 ATF 油液高度，若油面太高或太低，应调整至正常高度。

（2）用举升机将汽车升起，启动发动机，挂入各个挡位检查自动变速器产生异响的部位和时刻。

（3）若在任何挡位下自动变速器中始终有连续的异响，通常为油泵或变矩器异响。对此，应拆解自动变速器，检查油泵有无损坏、变矩器内有无大量摩擦粉末。如有异常，应更换油泵或变矩器。

（4）若自动变速器只在行驶时才有异响，空挡时无异响，则为行星齿轮机构异响。对此，应分解自动变速器，检查行星排各个零件有无磨损痕迹，齿轮有无断裂，单项超越离合器有无磨损、卡滞，轴承或止推垫片有无损坏。如有异常，应予以更换。

三、拓展知识

自动变速器异响诊断分析

自动变速器异响是旧自动变速器内部旋转部件与固定部件或与其他旋转部件间的不正常摩擦或运动干涉所致，行星齿轮机构、差速器等齿轮的不正确啮合也会产生异响。自动变速器异响故障往往是在行驶中出现的，这给诊断带来了困难，如果有自动变速器总成试验台，会给异响故障诊断带来很大的帮助。普通修理厂没有专用设备，但可以通过自动变速器在不同的挡位、变速杆在不同的位置、自动变速器在不同工况下的异响变化，来帮助判断异响产生的部位。对于有异响故障的自动变速器，解体前的充分诊断是十分必要的，如果盲目拆下自动变速器，修理时会增加难度。

自动变速器异响故障的维修程序：应先排除发动机、传动轴、缓冲胶垫等外部故障后，再解体检修自动变速器。如传动球笼损坏后产生的急加速异响、自动变速器缓冲胶垫损坏造成的换挡瞬间异响和冲击等，请不要误判。

自动变速器异响主要有以下几种情况：

（1）驻车挡（P）或空挡（N）自动变速器内部有异响，变速杆位于 P 或 N 位时，自动变速器的旋转部件包括变矩器、油泵、涡轮、自动变速器输入轴部件，异响可能来自这些部件。将变速杆分别置于 R 位和 D 位，踩下制动踏板，使车辆停止不动，变矩器内的涡轮及自动变速器输入轴不转，如果异响消失，说明涡轮轴及自动变速器输入轴上的旋转部件产生异响；如果异响仍然存在，说明故障在变矩器或油泵上。

（2）变速杆在 P 位或 N 位时，自动变速器内部没有异响，但挂倒挡（R）或前进挡（D）且车辆静止不动时有异响，只要发动机运转，变矩器就一直驱动油泵旋转，在驻车挡（P）或空挡（N）时没有异响，说明油泵正常。在 P/N 挡，变矩器泵轮驱动涡轮旋转，此时变速器内部没有挡位啮合，自动变速器输入轴是在空转，所以，泵轮和涡轮的转速几乎相同，这一点用诊断工具读取并对比发动机转速（等于泵轮转速）和自动变速器输入轴转速（涡轮转速）可以得到验证，此时诊断工具上显示的 TCC 滑差几乎是 0。当挂倒挡（R）或前进挡（D）且车辆静止不动时，变速器输入轴停止旋转，只有变矩器内部的泵轮和涡轮间在打滑，所以异响时来自变矩器内部。这种情况往往出现在翻新过的变矩器或翻新后产期放置的变矩器。

（3）大负荷急加速时自动变速器有异响，这种异响在变速杆置于 P 位或 N 位时消失，只是在变速杆置于 P/N 位且大负荷急加速时才产生异响。

可按以下步骤判断故障所在：

（1）将变速杆置于 D 位或 R 位，拉紧驻车制动，一只脚踩下制动踏板，另一只脚执行“踩下—放松—踩下—再放松加速踏板”循环，迫使变矩器有一个较大负荷。如果自动变速器仍有异响，且异响随着负荷的变化而变化，说明故障在变矩器内部。这种异响一般有两种，一是“嗡”的噪声，如果自动变速器油面正常、滤清器没有堵塞且冷却流量正常，基本可以判断是变矩器内部故障。另一种是金属撞击声，有可能是变矩器内部的导轮与涡轮或泵轮间发生干涉，可进一步检查油底壳中是否有磨损下来的金属粉末以确诊。如果进行以上试验是没有异响，进行下一步检查。

（2）分别将变速杆置于 R、D、3、2、1（或 S、L）各位行驶，在行驶中急加速，如果各个挡位都有异响，说明是行星齿轮机构、主减速器或差速器异响（前驱）；如果只是在某个挡位有异响，检查该挡位执行元件。

（3）只要车辆行驶，就会产生异响。

在车辆静止时，无论变速杆置于任何位置，自动变速器都没有异响；只有在车辆行驶时，无论是在任何挡位，变速器都发出异响。这说明异响来自输入轴上的旋转部件、行星齿轮机构、差速器或主减速器（前驱）。

（4）个别挡位异响首先要通过路试，以确认是哪一个或哪几个挡位有异响，然后根据该自动变速器的执行原件表，找出那些执行原件或齿轮参与该挡位的动力传递，再找出上述哪些原件还参与了没有异响挡位的工作，则这些原件不是故障原件，其余为产生异响原件，这些部件及其间的推力轴承、垫片都是需要重点检查部件。

如果是只有在定挡位放松加速踏板时才有异响，则需检查该挡位单向离合器是否双向卡滞。单向离合器在它负责的挡位上，当踩下加速踏板时处于锁止状态，放松加速踏板时处于打滑状态且没有发动机制动。如果此单向离合器卡滞，放松加速踏板时，可能会产生发动机制动或运转干涉，同时产生异响。

（5）锁止异响。

当车辆达到一定的车速、自动变速器达到一定的温度、自动变速器升到一定的挡位后，变矩器锁止离合器（TCC）就会接合，变矩器锁止离合器接合控制不良会产生冲击、车辆颤抖或异响，这可通过有经验的试车员得到确认，也可以通过诊断工具帮助确认异响是否是 TCC 接合所致。锁止异响的原因主要是变矩器内锁止离合器的磨损或控制不良。锁止离合器磨损需要更换变矩器；对于 TCC 控制不良产生的异响，可更换 TCC 控制电磁阀、清洗或更换阀体及更新 ECU 控制软件等方法消除 TCC 接合异响。

四、学习小结

（1）当一台自动变速器出现故障以后，我们首先应对其进行一些必要的常规检查，这相当于医疗诊断中的“预诊”，即为下一步诊断工作做好充分的准备，以确定病因的范围。

（2）常规检查的实质就是一个询问与了解的过程，主要对汽车的运行状况进行摸底，如常行驶的区域、路况、维修与保养情况，故障出现时的规律与征兆（温度、负荷、挡位、偶发性等）。做好了初步准备工作，也为下一步的检查诊断打下了基础。

（3）自动变速器的内部故障大致可分为电气故障、机械故障和液压故障。对于电气系统的故障我们可以借助相关的解码器进行读码排除，也可以用手动换挡试验（大部分自动变速器都有保挡功能，即电气系统发生故障后，可保证其基本挡位的运行）进行简单的区分。机械故障与液压故障的排除相对难度大一些，可以借助设备（自动变速器综合性能检验台）、通过对试验的分析（自动变速器主要的试验有油压试验、失速试验、时滞试验、道路试验等），找出内部故障点根本所在。

（4）自动变速器常见的故障诊断。（略）

五、任务分析

本情境中，挂挡后车辆不行驶，首先要确认是发动机原因还是变速器原因。确认是自动变速器原因后，再根据自诊断系统判定是电控原因还是机械原因。如果是机械原因，自动变速器是汽车上最复杂的总成之一，应按故障诊断流程进行诊断，必要时分解变速器进行检修。

六、自我评估

1. 填空题

（1）自动变速器的内部故障大致可分为_____故障、______故障和__________故障。

（2）自动变速器主要的试验有油压试验、________试验、_______试验、道路试验等。

2. 判断题

（1）自动变速器油不会导致挂挡不能行驶。（　　）

（2）挂挡后车辆不能行驶，原因一定出在自动变速器。（　　）

（3）检查主油路油压时，应启动发动机，将选挡杆拨至前进挡或倒挡位置。（　　）

（4）发动机怠速过高，可能导致自动变速器换挡冲击。（　　）

工作任务四　行驶中车轮摆振故障诊断

任务情境

一、任务描述

一辆卡罗拉手动挡轿车，在行驶过程中左前轮发生上下跳动摆振。你能排除这个故障吗？

二、任务提示

根据故障现象，可能是半轴故障导致，需要进行进一步的检查。

任务目标

一、知识目标

（1）能描述车轮摆振的故障现象。

（2）能描述车轮摆振的故障原因。

二、能力目标

能够对行驶中车轮摆振进行故障诊断与排除。

必备知识

一、基本知识

行驶中车轮摆振是万向传动装置典型的故障。

1．车轮摆振的故障现象

车辆行驶时，传动轴有异响，并且车轮或车身抖动。

2. 车轮摆振的故障原因

（1）半轴与轮毂松动。
（2）半轴发生碰撞导致变形或不平衡。
（3）万向节缺油引起过度磨损。
（4）车轮轴承、转向机构、悬架等出现松旷或变形及其他损坏。

二、基本技能

行驶中车轮摆振的故障诊断

以万向传动装置和半轴引起车轮摆动的故障，介绍诊断与排除方法。
故障诊断流程如图 3-4-1 所示。

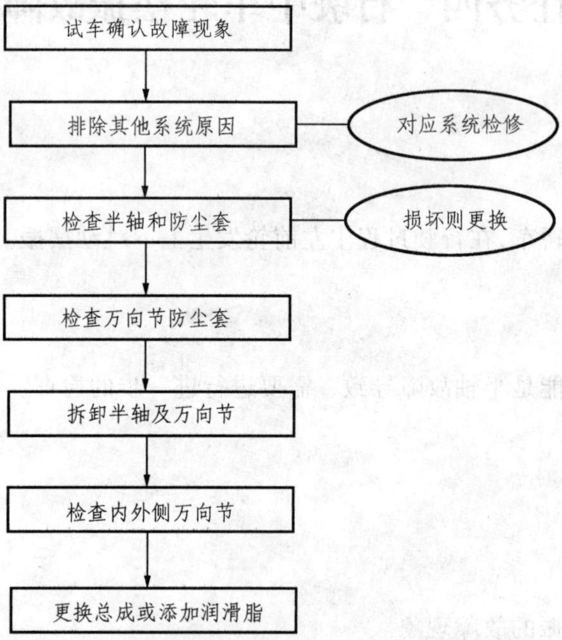

图 3-4-1　行驶中车轮摆振故障诊断流程图

1）准备工作

（1）防护装备：工作服、工作帽、手套、劳保鞋。
（2）车辆、台架、总成：卡罗拉整车，或其他同类车辆。

（3）车间设备：举升机、车轮挡块。

（4）专用工具：左半轴拆卸工具（09520-00031、09520-01010）。

（5）手工工具：拆装工具一套。

（6）辅助材料：翼子板布和前格栅布、三件套；半轴润滑脂，胶带，标记笔，防尘罩卡夹、卡环 2 套，抹布、手套、白板笔。

2）实施步骤

（1）检查车轮轴承、转向机构和悬架的状况。

为避免错误诊断，首先应排除车轮轴承、转向机构和悬架的原因。

a. 举升车辆至操作人员胸前位置。如图 3-4-2 所示，上下、左右摇摆轮胎，检查车轮是否有明显松旷并查明原因。

图 3-4-2　车轮轴承的检查

b. 如图 3-4-3 所示，检查转向机构各球头和连接杆是否松旷和变形。

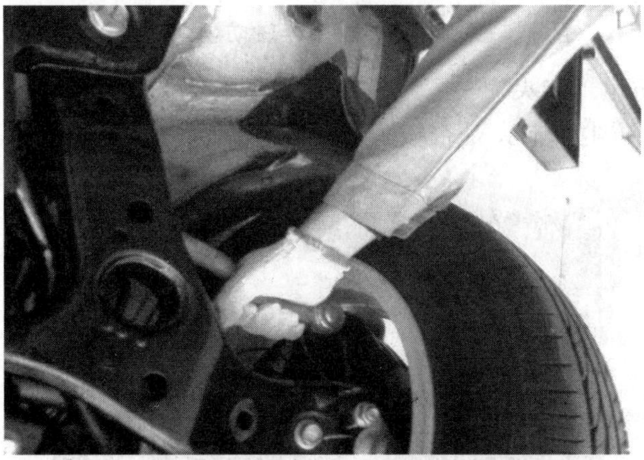

图 3-4-3　检查转向拉杆

c. 如图 3-4-4 所示，检查悬架系统，如悬架弹簧、减振器和胶套。

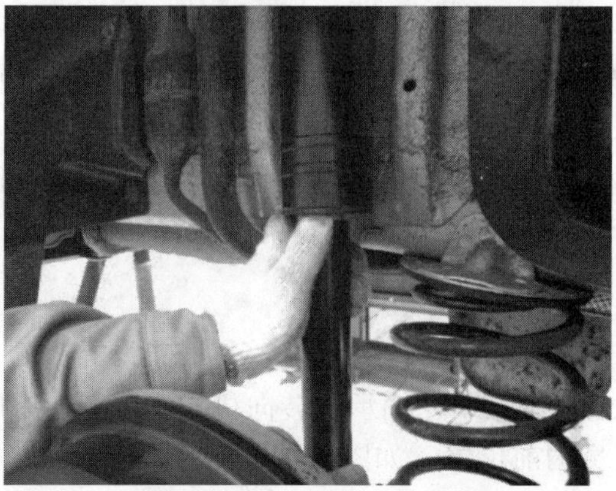

图 3-4-4　检查悬架系统

（2）检查半轴和防尘套。

如图 3-4-5 所示，检查半轴是否弯曲变形，半轴防尘罩是否破裂、漏油，如有不正常则更换。

图 3-4-5　检查半轴防尘罩

（3）检查万向节防尘罩卡夹。

如图 3-4-6 所示，防尘罩卡夹是否松脱或没卡到位置。

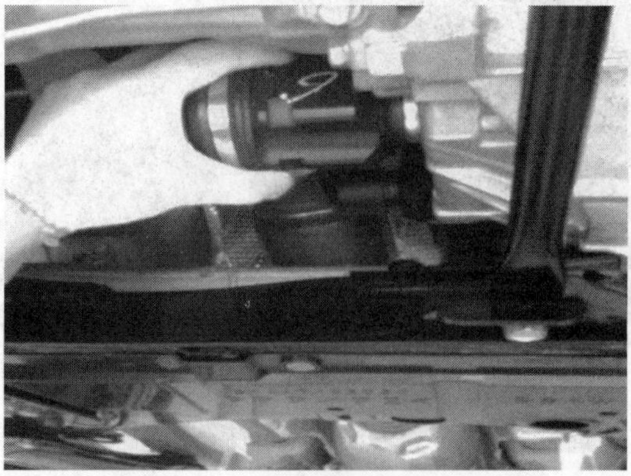

图 3-4-6　检查半轴防尘套卡夹

（4）检查半轴外侧万向节。

如图 3-4-7 所示，必要时（例如防尘套已经破损），应拆卸半轴和万向节总成，检查半轴外侧万向节的间隙，确认外侧万向节在径向方向上没有太大的间隙。

图 3-4-7 检查半轴外侧万向节间隙

（5）检查半轴内侧万向节。

如图 3-4-8 所示，检查半轴内侧万向节的间隙。

图 3-4-8 检查半轴内侧万向节间隙

（6）检查内侧万向节的滑动。

如图 3-4-9 所示，检查确认内侧万向节在止推方向上滑动平顺。

图 3-4-9 检查半轴内侧万向节滑动情况

（7）更换防尘罩和润滑脂。

如图 3-4-10 所示，根据需要更换防尘罩，并更换或添加润滑脂。

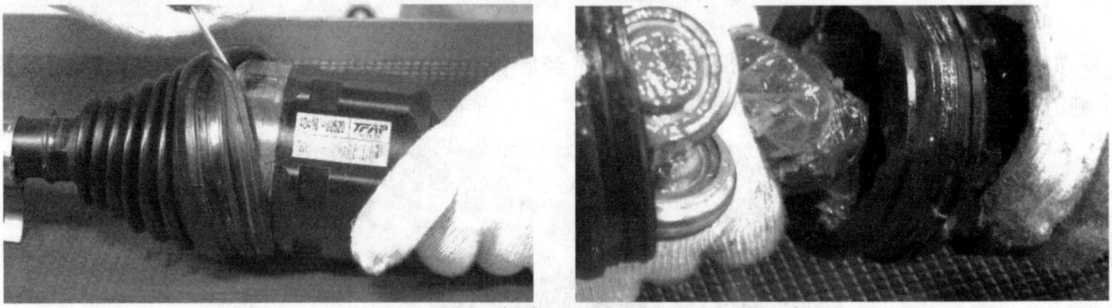

图 3-4-10　半轴防尘罩更换和添加润滑脂

三、学习小结

（1）行驶中车轮摆振的故障现象。
（2）行驶中车轮摆振的原因。
（3）行驶中车轮摆振的故障诊断步骤。

四、任务分析

本情境中，行驶中车轮摆振是万向传动装置典型的故障现象，应首先对万向传动装置进行检查。如果万向传动装置正常，检查其他可能的原因，如车轮轴承、转向机构和悬架等。

五、自我评估

1．判断题

（1）半轴的防尘罩漏油不会导致轮胎行驶摆动。(　　)
（2）半轴防尘罩破裂、漏油，必须更换，否则影响行车安全。(　　)

工作任务五　行驶中转向盘抖动故障诊断

任务情境

一、任务描述

一辆卡罗拉轿车在高速路上行驶时，车主反映当车速达到 80 km/h，转向盘抖动明显。你能排除这个故障吗？

二、任务提示

根据故障现象，故障应为轮胎不平衡。

任务目标

一、知识目标

（1）能描述行驶中转向盘抖动的故障原因。

（2）能描述轮胎异常磨损的故障现象和原因。

二、能力目标

（1）能对转向盘抖动进行故障诊断与排除。

（2）能够对轮胎异常磨损进行故障诊断与排除。

必备知识

一、基本知识

行驶系统典型的故障现象有行驶中转向盘抖动，以及轮胎异常磨损等。

1. 行驶中转向盘抖动的故障现象和原因

1）行驶中转向盘抖动的故障现象

汽车在一定的速度范围（如 80 ~ 100 km/h）行驶时，车身晃动颠簸不稳，转向盘抖动。低于或高于这个速度范围，故障减轻或消失。

2）行驶中转向盘抖动的故障原因

（1）轮胎钢圈变形。

（2）轮胎动平衡异常。

（3）四轮型号不同。

（4）四轮轮毂半径不一致。

2. 轮胎磨损的故障现象和原因

轮胎磨损速度加快，胎面形状出现异常。轮胎有以下几种异常磨损类型：

1）胎冠中部磨损

如图 3-5-1 所示，为轮胎胎冠中部磨损。

主要原因：轮胎气压过高，或长时间无轮胎换位，在窄轮毂上装宽轮胎，也会造成中部磨损。

图 3-5-1　胎冠中部磨损

2）胎冠内、外侧磨损

如图 3-5-2 所示，为轮胎一侧（内侧或外侧）磨损。

主要原因：经常高速转弯，前轴弯曲变形，前轮外倾角过大或过小。

图 3-5-2　胎冠一侧磨损

3）轮胎两侧磨损

如图 3-5-3 所示，为轮胎两侧磨损。

主要原因：轮胎气压过低。

图 3-5-3　轮胎两侧磨损

4）胎冠呈波浪形磨损

如图 3-5-4 所示，为轮胎波浪形磨损。

主要原因：轮毂松旷，经常紧急制动，轮胎动不平衡。

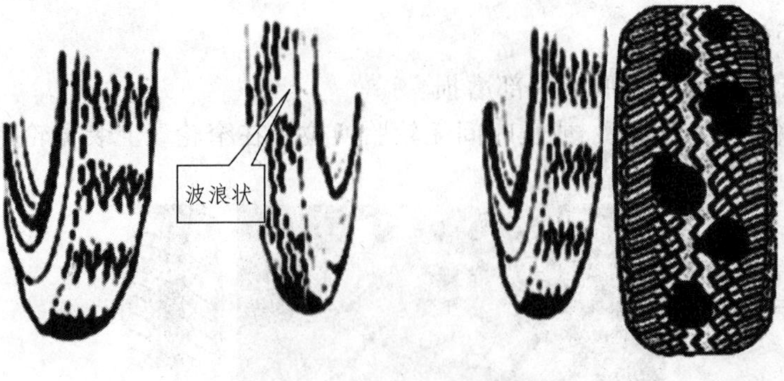

图 3-5-4　轮胎波浪状磨损

二、基本技能

行驶中转向盘抖动的故障诊断

1）准备工作

（1）防护装备：工作服、工作帽、手套、劳保鞋。
（2）车辆、台架、总成：卡罗拉整车、桑塔纳整车。
（3）车间设备：举升机、工具车、轮胎架、动平衡机。
（4）测量工具：气压表、深度规等。
（5）手工工具：拆装工具一套、气动工具。
（6）辅助材料：翼子板布和前格栅布、三件套、抹布、手套、白板笔等。

2）行驶中转向盘抖动的故障诊断步骤

行驶中转向盘抖动故障诊断流程如图 3-5-5 所示。

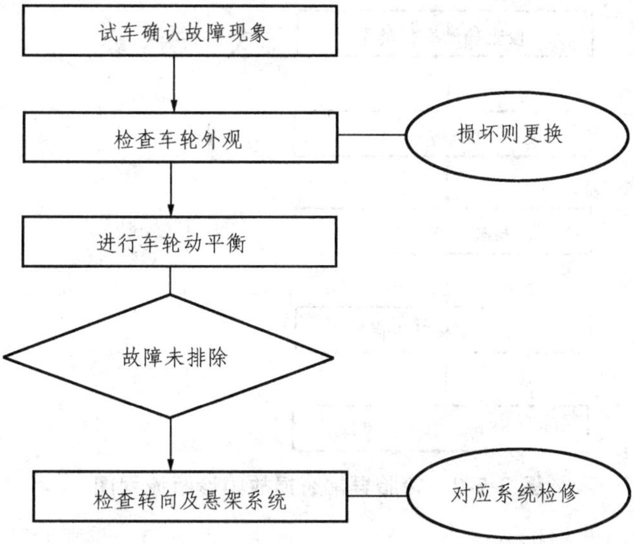

图 3-5-5　行驶中转向盘抖故障诊断流程图

（1）试车确认故障现象。

根据实际情况，必要时试车确定故障现象。

警告：必须应由有试车资格的人员操作。

（2）检查车轮。

如图 3-5-6 所示，检查轮胎钢圈是否变形，型号是否一致，轮毂半径是否一致以及是否损坏，如果不正常则更换。如果以上检查正常，对相应车轮进行动平衡。

（3）进行车轮动平衡。

如图 3-5-7 所示，按照轮胎动平衡操作流程对轮胎进行动平衡。

（4）试车。

确认故障是否消除。如果故障依旧，继续检查轮胎动平衡。如果轮胎动平衡正常，检查是否其他系统造成的故障现象。

图 3-5-6　测量轮辋宽度

图 3-5-7　检查轮胎动平衡

3）轮胎异常磨损的故障诊断步骤

轮胎磨损异常故障诊断流程如图 3-5-8 所示。

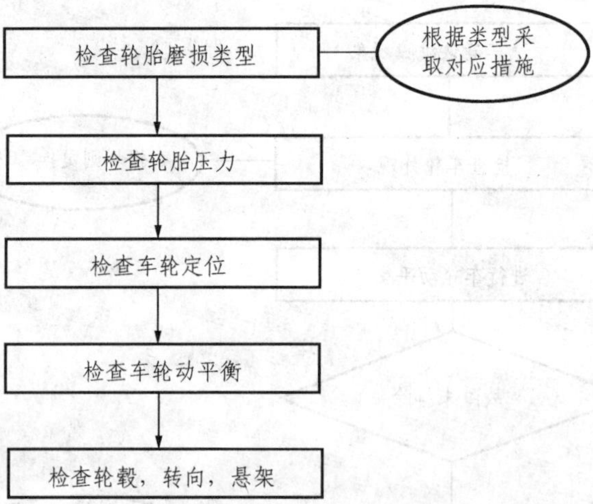

图 3-5-8　轮胎异常磨损故障诊断流程图

（1）检查轮胎胎面磨损形式。

如图 3-5-9 所示。

图 3-5-9　检查车轮和轮胎胎面

a. 轮胎胎冠中部磨损，执行步骤（2）。

b. 胎冠内或外侧的单侧磨损，执行步骤（3）和（6）。

c. 轮胎两侧磨损，执行步骤（2）。

d. 胎冠呈波浪形磨损，执行步骤（4）和（5）。

（2）检查轮胎气压。

如图 3-5-10 所示。

a. 压力过高，导致轮胎中心和道路的接触面，远大于轮胎的其他部位和道路的接触面。调整气压至标准值。

b. 压力不足，导致轮胎外侧部分和道路的接触面，远大于正常的接触面。调整气压至标准值。

图 3-5-10　检查胎压

（3）检查车轮前束角、外倾角。

参照车轮定位操作。

（4）检查车轮动平衡。

参照车轮动平衡检查与调整。

（5）检查轮毂是否松旷。

（6）检查转向和悬架系统。

参照转向和悬架系统的检查操作。

三、拓展知识

1. 平衡

为了避免运行过程中震动或摇摆，检查轮胎和车轮总成是否平衡。车轮平衡机是专门设计的用于定位和消除安装时轮胎和车轮的不平衡性的设备。有两种平衡类型：静态平衡和动态平衡。

1）静态平衡

静态平衡就是把轮胎和车轮总成放在静态平衡机（也叫气泡平衡机）上，完成平衡操作。该静态平衡机特点就是有一个装有气泡水平尺的基架。把轮胎和车轮总成水平固定在该基架上，车轮的正面向上。

置于平衡机中心的气泡水平尺，通过气泡偏离中心来显示总成的轻重区域。为了使气泡居于水平尺中心，在重量轻的区域，加设车轮平衡配重。该平衡配重是夹子型或者是粘贴型。

大多数技师认为静态平衡不准确并且过时。该方法没有考虑车轮总成在运行过程中旋转时的动态运动。

2）动态平衡

动态平衡也称为旋转平衡，这种平衡更为准确。如图 3-5-11 所示，在动态平衡中，动态平衡机在垂直方向上旋转轮胎和车轮总成。这样可以有多个动态平衡面。平衡机数字读数器显示需要多大配重，并且指出需要配重的位置。

图 3-5-11　动态旋转平衡机

如今，计算机控制的平衡机更容易完成轮胎和车轮总成的平衡操作。读数器显示需要的配重重量，并说明配重需要的位置。

有些电子车轮平衡机，也可以测量轮胎在道路上受力的变化情况。轮胎在偏心率范围内并且平衡良好时，其道路受力变化仍过分时，就造成车辆震动。

可以认为轮胎是车轮周围垫子，其周围的弯曲应该相同，并具有相同的张力。车胎任何不可见的过分的柔性或者张力，都将产生震动。车轮偏心时，轮胎可以安装在轮子的另一个位置，以便使道路作用力变化保持在规定的范围内。这叫作车轮的匹配轮胎。如果这样还不能解决问题，那就只能更换轮胎了。

许多新轮胎都不能满足道路受力变化要求。判断这种情况的唯一方法就是使用该力，在车轮平衡机上进行试验。车轮平衡机作用在大的滚筒上，在高压下传递到轮胎胎面，测出动态偏心率。如今，这种车轮平衡机越来越普遍。

另一种平衡机叫作车辆平衡机。它是一个设有滚轮的机动设备。当轮胎和车轮总成还在车辆上时，该设备抵住轮胎胎面，滚筒旋转车辆上的整个旋转总成。该系统使用电子闪光灯技术，该技术可以快速完成车辆上车轮的平衡操作。电子闪光显示灯闪烁，表示车轮配重的准确安装位置，不需要额外的车轮连接装置或者附件。该总成包括轮胎、车轮、制动轴和轮辋。这些平衡机当前还不普遍。

3）平衡的安全性

使用前，保证自己接受了平衡机操作安全培训。在旋转过程中，动态平衡机应有低于轮胎和车轮总成的保护罩，且该罩永远不得去掉，它可以保护不受飞溅碎片，如石头或者脱落的车轮配重的伤害。

2. 轮胎磨损

1）胎面磨损标记

如图 3-5-12 所示，在轮胎的胎面区域，有轮胎磨损显示条，也叫胎面磨损标记（TWI）。胎面磨损标记是胎面上突起的加强条。在胎面上用标有 TWI 字样的小三角符号表示。胎面磨损标记的高度是这样表示的：当显示标志和胎面表面相平齐时，表示胎面已经磨损，需要更换该轮胎。

图 3-5-12　轮胎胎肩标记

2）轮胎正确充气

对于轮胎的性能和安全性而言，正确充气非常重要。充气不足的轮胎，在转动和行驶时反应较慢，在轮胎内产生较多热量，加速外胎面磨损。过量充气的轮胎，行驶起来颠簸不堪，加速胎面中心磨损。最少每月检查一次轮胎充气，在长途旅行前，一定要检查轮胎充气情况。任何时候，车上都应备有轮胎气压计。请记住：无论在任何时候，充气或者放气时，都应佩戴安全镜。

3）轮胎磨损的故障原因

（1）轮胎气压不足或过高。

（2）轮胎长期未换位。

（3）前轮定位不正确，尤其是前束与外倾角配合不正确。

（4）轮毂轴承松旷或转向节与主销松旷。

（5）纵、横拉杆或方向机松旷。

（6）前轮径向圆或端面圆跳动太大。

（7）前轮旋转质量不平衡。

（8）前轮摆头。

（9）前轴与车架纵向中心线不垂直或车架两边的轴距不等。

（10）前轴或车架弯、扭变形。

（11）前轴刚度不足。
（12）转向横拉杆（尤其是弓形横拉杆）或横拉杆臂刚度不足。
（13）前轮放松制动回位慢或制动拖滞。
（14）轮胎螺栓松动。
（15）常超载、偏载、起步过急、高速转弯或制动过猛。
（16）经常行驶在拱度较大的路面上。
（17）转向梯形不能保证各车轮纯滚动，出现过多转向或不足转向。
（18）轮胎质量不佳。

四、学习小结

（1）行驶中转向盘抖动的故障原因通常是车轮不平衡造成。
（2）轮胎胎冠中部磨损、胎冠内外侧磨损、轮胎两侧磨损、胎冠呈波浪形磨损几种模式类型的故障现象和原因。
（3）行驶系统典型的故障诊断。

五、任务分析

本情境中，首先需要进行轮胎动平衡，如果故障没有排除，检查悬架等相关的系统。

六、自我评估

1. 填空题

（1）行驶中转向盘抖动的故障原因都和________有关。
（2）轮胎气压过____，或长时间无轮胎____，在窄轮毂上装_____轮胎，也会造成中部磨损。

2. 判断题

（1）轮胎钢圈变形或型号不一致，可能导致行驶中转向盘抖动。（　　）
（2）轮胎一侧磨损的可能原因是前轮外倾角不正确。（　　）

工作任务六　制动力不足及其他故障诊断

任务情境

一、任务描述

一辆卡罗拉轿车，客户描述说制动时车辆刹不住，好几次差点造成追尾的事故。你能排除这个故障吗？

二、任务提示

根据故障现象，必须对制动系统做全面检查。

任务目标

一、知识目标

（1）能描述制动力不足的故障现象和原因。
（2）能描述制动跑偏的故障现象和原因。

二、能力目标

（1）能够对制动力不足进行故障诊断与排除。
（2）能够对制动跑偏进行故障诊断与排除。

必备知识

一、基本知识

制动系统典型的故障是制动力不足和制动跑偏等。

1. 制动力不足

1）制动力不足的故障现象

（1）汽车制动时，制动效果不明显。
（2）紧急制动距离过长。

2）制动力不足的故障原因

（1）制动液缺乏，或制动液变质。
（2）制动管路系统有空气。
（3）制动液泄漏。
（4）制动主缸（总泵）磨损（内部泄漏）。
（5）制动分泵泄漏。
（6）制动摩擦片磨损、脏污。
（7）制动摩擦片间隙过大。
（8）制动踏板自由行程过大。
（9）制动盘磨损。
（10）真空助力器泄漏。

2. 制动跑偏

1）制动跑偏的故障现象

车辆行驶过程中，如果踩下制动踏板，车辆会偏向一边，严重时甚至甩尾。制动系统故障指示灯正常。

2）制动跑偏的故障原因

与ABS相关的原因：

（1）ABS控制单元收到某个车轮轮速太高（打滑），对相应车轮施加更大的制动力。

（2）ABS液压总成的电磁阀不良，导致某个车轮制动力和其他车轮不一致。

与制动器相关的原因：

如果制动时车辆向一侧偏转，通常起因于制动力不均。首先，校验另一侧制动器的运行是否正常，车辆会向制动器工作的一侧偏转。制动偏转的原因包括：

（1）衬块沾染了制动液、油或脂。

（2）制动卡钳被卡住。

（3）活塞黏在制动卡钳内。

（4）制动卡钳松动。

（5）衬片不匹配。

（6）制动衬块弯曲或扭曲。

与制动系统无关的原因：

（1）轮胎型号或气压不一致。

（2）四轮定位参数不准。

（3）悬架弹簧或减振器失效，悬架部件松动。

二、基本技能

制动系统典型的故障诊断

1）准备工作

（1）防护装备：工作服、工作帽、手套、劳保鞋。

（2）车辆、台架、总成：卡罗拉整车，或其他同类车辆。

（3）车间设备：举升机。

（4）检测设备：KT600诊断仪、万用表。

（5）测量工具：螺旋测微器、百分表。

（6）手工工具：拆装工具一套、气动工具。

（7）辅助材料：翼子板布和前格栅布、三件套、抹布、手套、白板笔等。

2）制动力不足故障诊断步骤

故障诊断流程如图3-6-1所示。

（1）询问驾驶员制动液更换时间，或检测制动液，不正常时更换制动液。

（2）如果制动液不足，应检查液压管路是否泄漏。

（3）检查制动踏板自由行程，不正确则调整。

（4）如图3-6-2所示，启动发动机，踩下制动踏板，如果觉得“软”，进行系统排放空气。

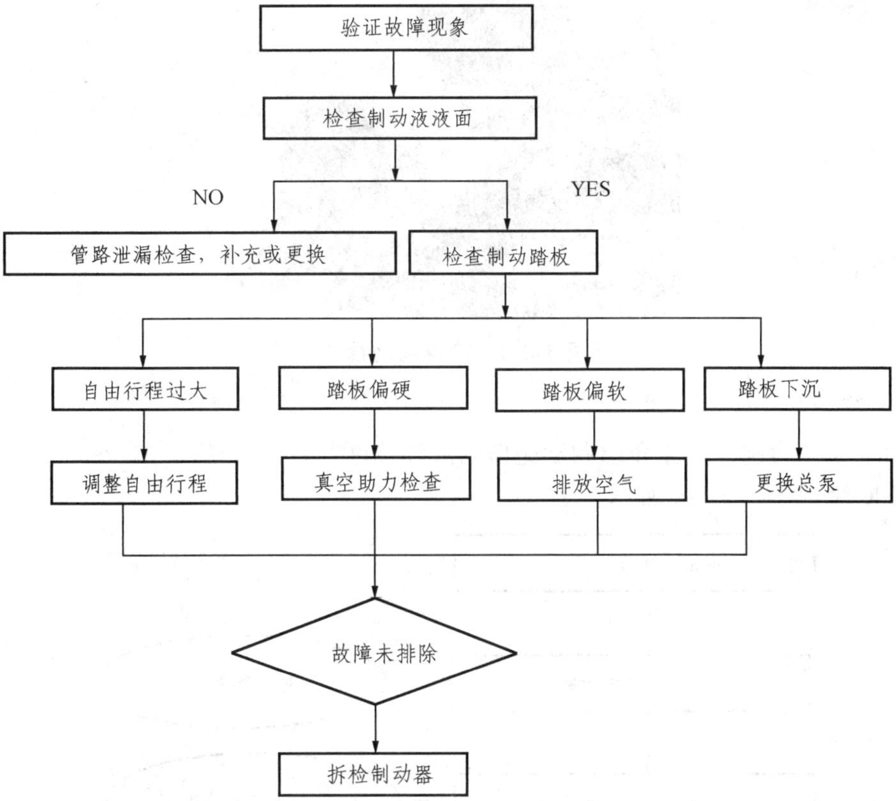

图 3-6-1　制动力不足故障诊断流程图

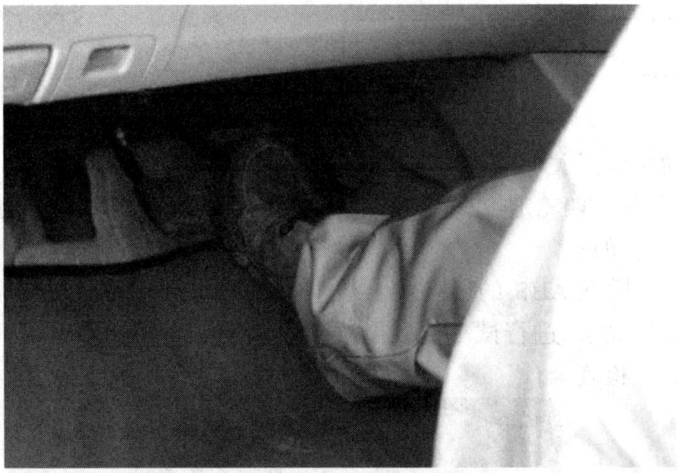

图 3-6-2　踩下制动踏板

（5）踩住制动踏板，如果踏板缓慢下沉，则制动总泵泄漏。

（6）启动发动机，反复踩踏制动踏板，如果觉得“很硬”，检查真空助力器是否泄漏真空。

（7）如图 3-6-3 所示，拆卸车轮制动器，检查制动分泵、制动蹄片、制动盘，异常则更换。

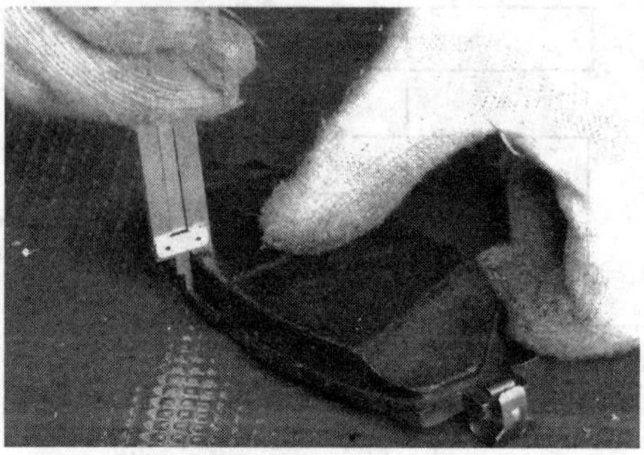

图 3-6-3　检查制动蹄片

3）制动跑偏故障诊断步骤

以丰田卡罗拉为例，具体介绍制动跑偏的故障诊断与排除方法。

故障诊断流程如图 3-6-4 所示。

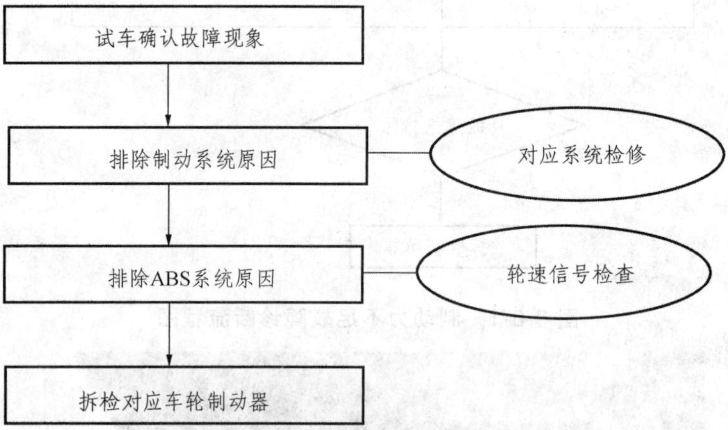

图 3-6-4　制动跑偏故障诊断流程图

（1）排除和制动系统无关的原因。

检查轮胎型号和气压、四轮定位参数，以及悬架系统等和制动系统无关的因素。

（2）排除 ABS 系统的故障。

如图 3-6-5 所示，拆下 ABS 的保险丝、继电器，或电控单元的连接器，让 ABS 系统不工作（此时故障指示灯亮），进行试车，如果故障还存在，说明故障原因不在 ABS 系统。如果故障依旧，进行如下检查。

图 3-6-5　中断 ABS 控制单元电源

警告：ABS 系统不工作，必须由经验丰富的驾驶员小心驾驶试车！

a. 检查轮速传感器信号。

进入数据流，读取轮速传感器数据流（因故障出现时 ABS 指示灯不亮，轮速信号即使异常，但没达到故障码设定条件，系统可能不会记忆故障码），观察车辆直线行驶时 4 个轮速传感器数据流，如果出现某个不一致，检查对应的传感器。不正常则更换。

b. 如果轮速信号正常，故障原因出现在液压制动系统，检查对应的制动分泵及管路，必要时更换分泵。如果故障依旧，更换液压控制总成。

提示：制动系统的元件涉及行车安全，请勿分解和修理，必须更换。

（3）检查制动衬片。

如图 3-6-6 所示，测量制动蹄片厚度，是否存在不不均匀磨损。

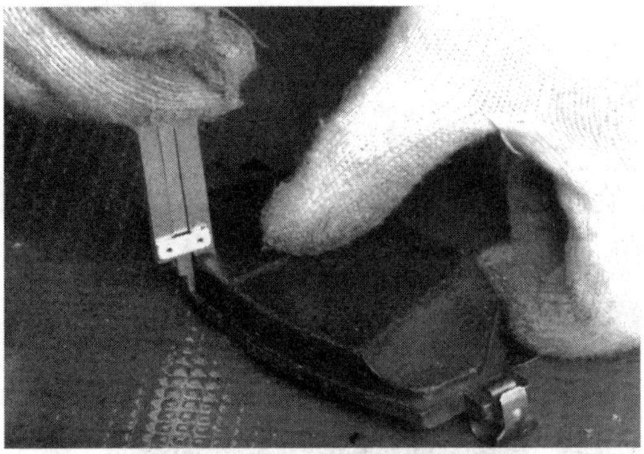

图 3-6-6　检查制动蹄片

（4）检查制动分泵。

如图 3-6-7 所示，检查分泵活塞是否生锈或有划痕；检查分泵防尘罩有无老化、破损，如有必要，则更换防尘罩或盘式制动器分泵总成。

提示：在安装新的防尘罩前，涂抹锂皂基乙二醇润滑脂。

（5）检查制动器制动缸滑套。

如图 3-6-8 所示，检查滑套有无老化，破损，如有必要，则更换制动器制动缸滑套。

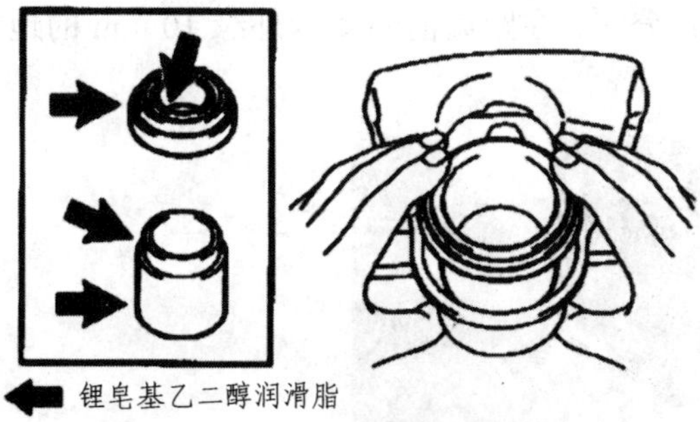

图 3-6-7　检查制动缸和活塞

图 3-6-8　检查制动缸滑套

（6）检查制动器制动缸滑销。

如图 3-6-9 所示，检查滑销在滑销孔中的运动情况，能否自由运动，有无卡滞，有如必要，清洁滑销及滑销孔。

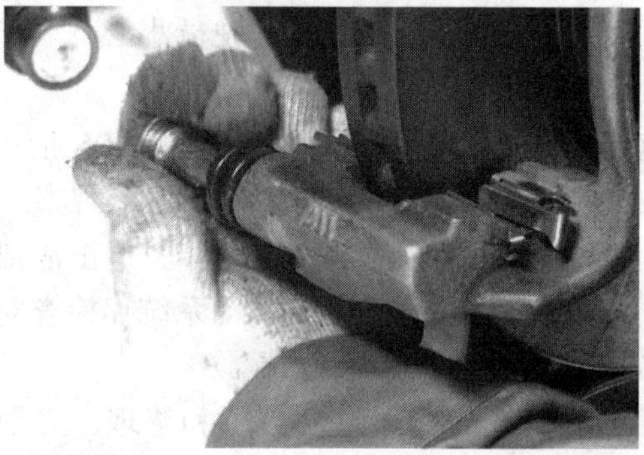

图 3-6-9　检查盘式制动器制动缸滑销

（7）检查制动盘。

a. 外观检查。

观察制动盘是否存在擦伤。

b. 制动盘厚度检查。

如图 3-6-10 所示，用螺旋测微器测量制动盘厚度，标准厚度：22.0 mm。最小厚度：19.0 m，如果制动盘厚度小于最小值，则更换前制动盘。

图 3-6-10　测量制动盘的厚度

c. 制动盘轴向跳动检查。

要求如图 3-6-11 所示：固定制动盘，使用百分表，在距离前制动盘外缘 10 mm 的地方测量制动盘的轴向跳动。

图 3-6-11　检查制动盘轴向跳动

制动盘最大轴向跳动：0.05 mm。

如果轴向跳动超过最大值，则改变车桥轮毂上制动盘的安装位置以减小轴向跳动。如果安装位置改变后轴向跳动任超过最大值，则抛光制动盘。如果制动盘厚度小于最小值，则更换前制动盘。

三、学习小结

（1）制动力不足的故障现象和原因。
（2）制动跑偏的故障现象和原因。
（3）制动力不足的故障诊断步骤。
（4）制动跑偏的故障诊断步骤。

四、任务分析

本情境中，故障明显的制动力不足，涉及制动力不足的原因很多，应根据故障诊断流程，按简单到复杂的顺序进行排除。

五、自我评估

选择题

（1）制动衬块上磨损不均，说明如下部件很可能发生问题：（　　）。

A. 轮缸　　B. 制动衬块紧固件
C. 制动卡钳　　D. 制动衬块紧固螺栓

（2）在更换盘式制动系统的制动蹄片时，下列的操作步骤哪项有错（　　）。

A. 在松开制动钳，拆卸蹄片前，必须将多余制动液从制动主缸内抽出
B. 在更换新的制动蹄片前，必须用活塞回位工具把活塞推回缸筒内
C. 从制动钳上取下活塞，清除活塞上的锈、腐蚀点和灰尘
D. 对滑销涂上少量的高温润滑脂

（3）关于制动盘的说法，以下不正确的是（　　）。

A. 制动盘的厚度极限可以从盘上得到
B. 制动盘厚度不需要检查，到规定的行驶公里后直接更换
C. 制动盘可以进行打磨处理，但完成后需进行测量
D. 制动盘安装时不能轻易改变安装位置

学习项目四　汽车电气故障诊断

本学习项目介绍汽车电气故障诊断，分为 6 个工作任务，分别为：工作任务一为充电指示灯亮故障诊断；工作任务二为起动机不工作故障诊断；工作任务三为前照灯不亮故障诊断；工作任务四为电喇叭不响故障诊断；工作任务五为倒车灯不亮故障诊断；工作任务六为空调不制冷故障诊断。学生通过 6 个工作任务的学习，掌握汽车电气故障诊断的标准流程及操作技能，并利用测试结果分析电气故障原因。

工作任务一　充电指示灯亮故障诊断

任务情境

一、任务描述

一辆 2010 年款的卡罗拉，行驶过程中充电指示灯点亮进厂维修。你的主管把这个任务安排给你，你能完成吗？

二、任务提示

充电指示灯在发动机运行中点亮，说明充电系统出现故障，应对充电系统的电路及蓄电池、发电机等元件进行检查。

任务目标

一、知识目标

（1）能够描述汽车充电指示灯的工作情况。
（2）能够描述汽车充电指示灯点亮的原因。
（3）能够描述汽车充电指示灯点亮的故障检修方法。

二、能力目标

能完成汽车充电指示灯异常点亮的故障检修。

必备知识

一、基本知识

1. 充电指示灯的工作情况（见表 4-1-1）

表 4-1-1　充电指示灯工作情况

发动机工作情况	充电指示灯工作情况	原因
点火开关打开但发动机未启动	亮	发电机未发电，告诉驾驶员当前用的是蓄电池的电
发动机刚启动瞬间	亮	发动机启动瞬间，发电机发出的电来不及给蓄电池充电和用电器供电
发动机正常运行无大负荷工作	熄灭	如果持续点亮，说明充电系统不正常，需要检修充电系统
发动机正常运行有大负荷工作	亮	发电机发出的电量不够，由蓄电池供电，一般汽车不加装大功率设备不会出现此情况

2. 汽车在行驶的过程中充电指灯亮的因素

（1）蓄电池不能正常充电，导致发电机和蓄电池之间电压差超过规定值。

（2）充电线路松脱导致电路中电阻过大。

（3）发电机驱动皮带或发电机带轮破裂损坏，导致发电机输出功率下降。

（4）充电系统线路保险丝烧断。

（5）没有接收到增大发电机功率信号，导致在大负荷运行时，蓄电池电压迅速下降。

二、基本技能

充电指示灯点亮故障诊断

1）准备工作

主要设备：教学车辆、工具车、多层零件车、工作台、拆装工具、多媒体教学设备（含白板）、万用表、蓄电池测试仪等。

辅助材料：翼子板布和前格栅布、三件套、抹布、手套、白板笔等。

2）实施步骤

（1）试车。

试车验证故障现象，并准确记录故障现象。

（2）检查发电机皮带。

a. 如图 4-1-1 所示，检查发电机皮带张紧度，如过松或过紧应进行调整。

b. 检查发电机皮带楔形槽有无脱落、变形、老化、油浸，发现异常则更换发电机皮带。

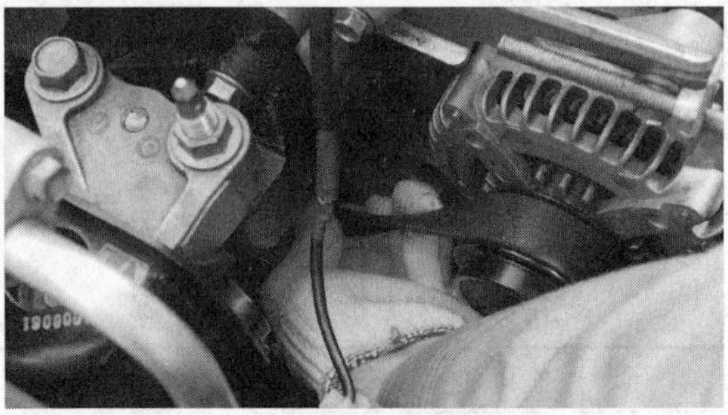

图 4-1-1　检查发电机皮带张紧度

（3）检查充电系统各连接线束。

如图 4-1-2 所示，各线束无松动腐蚀，如有，应进行紧固或更换。

注意：在进行紧固发电机螺栓时，应先断开蓄电池负极。

图 4-1-2　发电机相关线束检查

（4）检查充电系统各保险丝。

如图 4-1-3 所示，根据维修手册找到保险丝的位置，用万用表测量保险丝电阻，应接近于零，否则更换。

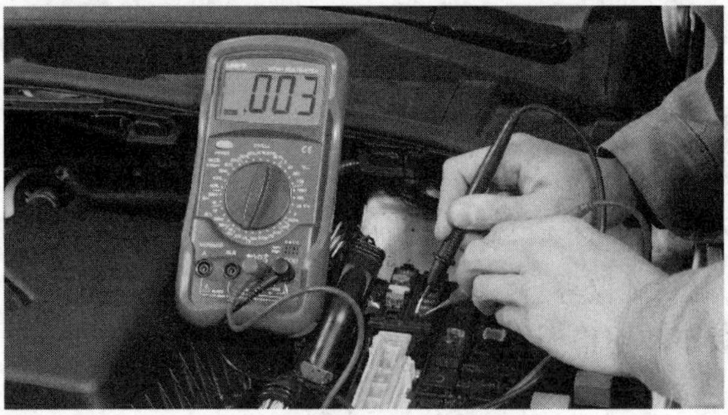

图 4-1-3　保险丝的检查

（5）检查蓄电池。

a. 可维护蓄电池检查电解液液位及密度，免维护蓄电池检查电解液液位。

注意：可维护蓄电池在添加蒸馏水时应先清洁蓄电池，防止杂质进入电解液中。

b. 在蓄电池充满电的情况下做起动电压测试，如果蓄电池不能充满电或起动电压测试应更换。

注意：做蓄电池起动电压测试时不建议使用蓄电池高率放电器测试。

（6）充电系统不带负载检查。

如图 4-1-4 所示：

a. 蓄电池充满电，将发电机端子 B 断开，并将其连接到电流表的负极上。

b. 将电流表的正极连接至发电机的端子 B 上。

c. 将电压表的正极连接至蓄电池的正极上，电压表负极搭铁。

d. 运行发动机到 2 000 r/min，标准电流应在 10 A 或更小，标准电压在 13.2 ~ 14.8 V，否则更换发电机。

（7）充电系统带负载检查。

如图 4-1-5 所示：

a. 保持发动机转速在 2 000 r/min，打开远光并鼓风机档位调至最大。

b. 如果蓄电池充满电请打开雨刮和后挡风玻璃除霜。

c. 读取电流表读数， 标准电流值 30 A 或更大，否则更换。

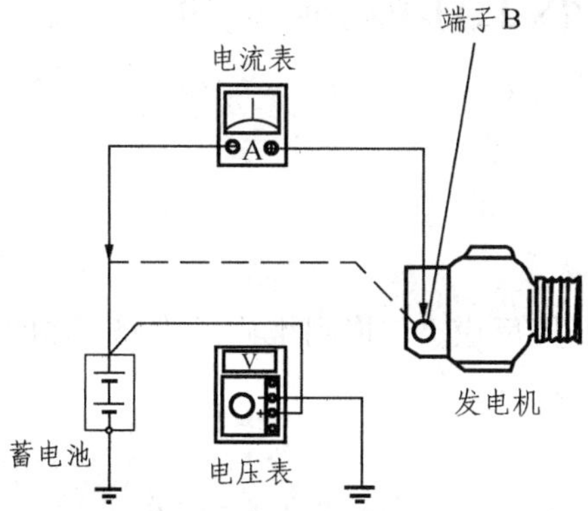

图 4-1-4　充电系统无负载测试连接示意图

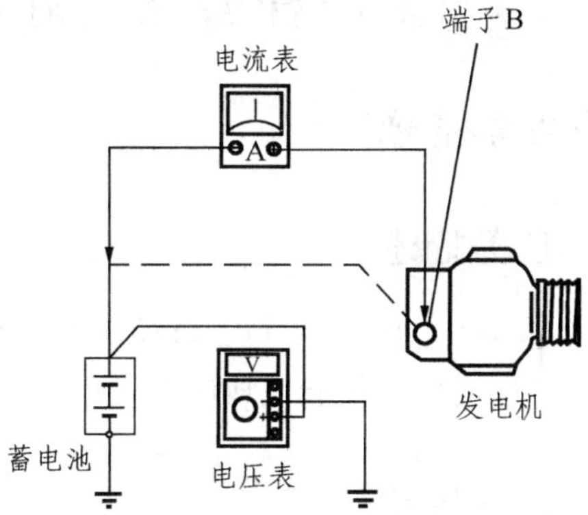

图 4-1-5　充电系统无负载测试连接示意图

三、学习小结

（1）充电指示灯在启动前、启动时、启动后无大负荷时和大负荷时的不同工作情况。

（2）充电指示灯在汽车正常运行时点亮的不同因素。

（3）卡罗拉充电指示灯在运行时点亮的诊断思路。

四、任务分析

本情境中，发动机运行后充电指示灯点亮，说明充电系统故障，应该首先检查发电机的输出电压和输出功率，再检查发电机皮带，然后检查蓄电池的电量。

五、自我评估

1. 填空题

（1）充电指示灯在汽车发动机未启动时将会__________。

（2）充电指示灯在汽车发动机运行时将应____________。

2. 判断题

（1）发动机正常运行时，充电指示灯应该点亮。（　　）

（2）发动机正常运行时，充电指示灯如果点亮，说明充电系统正在工作。（　　）

3. 选择题

下列（　　）不是引起充电指示灯点亮的因素。

A. 蓄电池不能正常充电

B. 充电线路松脱导致电路中电阻过大

C. 发电机驱动皮带或发电机带轮破裂损坏

D. 点火开关的保险丝损坏

工作任务二　起动机不工作故障诊断

任务情境

一、任务描述

一辆 2010 年款的卡罗拉，启动时发动机没有任何反应，被拖到维修厂维修。你的主管把这个任务安排给你，你能完成吗？

二、任务提示

启动时发动机没有反应，说明起动系统出故障，应对起动系统的电路及蓄电池、起动机等元件进行检查。

任务目标

一、知识目标

（1）能描述起动机系统的组成与工作原理。

（2）能根据电路图分析起动机控制电路原理。

（3）能描述起动机系统故障的诊断思路。

（4）能描述起动机不工作及工作不良的故障排除方法。

二、能力目标

能进行起动机不工作故障诊断与排除。

必备知识

一、基本知识

起动系统的常见故障现象和原因如下：

1. 起动机无任何反应

（1）蓄电池亏电，导致起动机不能带动发动机旋转或达不到发动机启动转速。

排除方法：蓄电池充电；更换蓄电池。

（2）起动系统保险丝、继电器损坏。

排除方法：检查线路并更换保险丝、继电器。

（3）点火开关、离合器开关（部分车型需要踩下离合器启动）、挡位开关（启动时自动变速器挡位应置于 P/N 挡），不按规定操作、开关损坏或线路断路。

排除方法：按规定操作；检查线路并更换损坏的元件。

（4）带有防盗起动系统未能识别启动信号或钥匙信号.

排除方法：采用合法的钥匙启动车辆；按维修手册规定的程序解除防盗。

（5）起动机电磁开关损坏或起动机中的电机损坏。

排除方法：检修起动机及线路；更换起动机。

2. 启动发动机时，听到嗡嗡的响声，但发动机不转

（1）蓄电池电量不足。

排除方法：蓄电池充电。

（2）起动系统电路连接线松动。

排除方法：检修线路。

（3）起动机机体卡滞或电磁开关损坏。

排除方法：保养起动机；更换电磁开关。

3. 启动发动机时听到哒哒的响声，起动机转速正常，发动机不转

起动机的单向离合器打滑。

排除方法：保养起动机；更换单向离合器。

4. 启动机能带动发动机正常旋转，但发动机不能启动

发动机燃油、点火系统、机械故障。

排除方法：检修发动机。

二、基本技能

起动机不工作的诊断

以下以卡罗拉 1ZR-FE 发动机为例，介绍起动机不工作诊断与排除方法。

1）准备工作

主要设备：教学车辆、工具车、多层零件车、工作台、拆装工具、多媒体教学设备（含

白板)、万用表、电流表、蓄电池测试仪、拆装工具一套等。

辅助材料：翼子板布和前格栅布、三件套、抹布、手套、白板笔等。

2）实施步骤

（1）试车。

试车验证故障现象，并准确记录故障现象。

（2）检查起动系统各连接线束。

如图 4-2-1 所示，各线束无松动腐蚀，如有应进行紧固或更换。

（3）检查起动系统各保险丝。

如图 4-2-2 所示，根据维修手册，查找相应保险丝，用万用表测量保险丝电阻，应接近于零，否则更换。

图 4-2-1　摇晃蓄电池接线柱

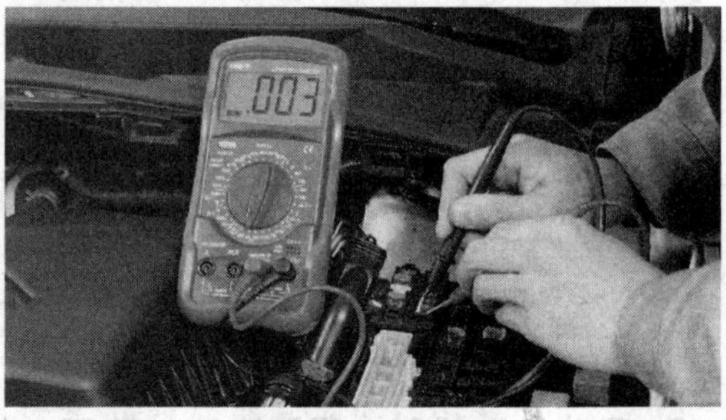

图 4-2-2　检查保险丝

（4）检查蓄电池。

a. 可维护蓄电池检查电解液液位及密度；免维护蓄电池检查电解液液位。

b. 如图 4-2-3 所示，在蓄电池充满电的情况下做启动电压测试。

c. 如果蓄电池不能充满电和启动电压测试应更换。

图 4-2-3　蓄电池起动电压测试

（5）检查起动机继电器。

a. 如图 4-2-4 所示，取下继电器，用万用表测量 3 号 5 号之间的电阻，标准值应大于 10 kΩ。

b. 在 1 号和 2 号之间施加蓄电池电压，用万用表测量 3 号 5 号之间的电阻，标准值应小于 1 Ω。

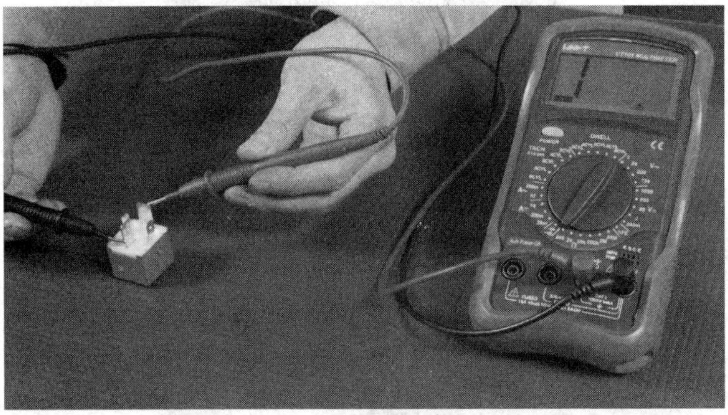

图 4-2-4　起动继电器检查

（6）点火开关 START 挡位检查。

a. 如图 4-2-5 所示，在点火开关 START 挡时，测量点火开关插接器 2 号和 7 号端子电压，标准值为 12 V。

b. 在点火开关 START 挡时，测量点火开关端子 1 号和 2 号、1 号和 4 号、6 号和 7 号、6 号和 8 号之间的电阻，标准值应小于 1 Ω。

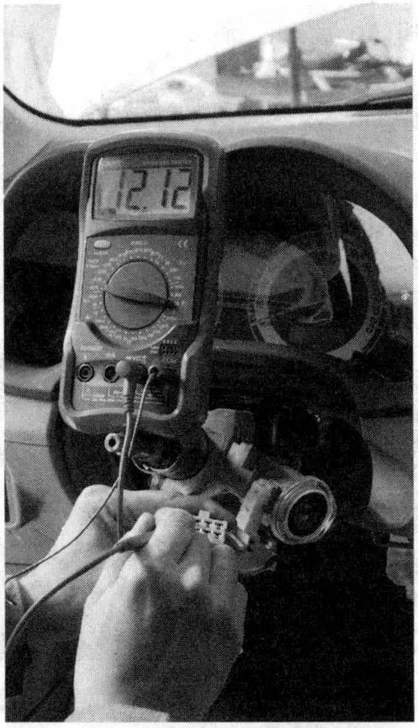

图 4-2-5　测量点火开关启动时的电源电压

（7）离合器开关检查。

a. 如图 4-2-6 所示，拔下离合器开关，在点火开关打到启动挡时，测量离合器插接在启动挡时 2 号端子的电压，应为 12 V。

b. 测量离合器开关踩下和未踩下的电阻，未踩下时电阻为无穷大，踩下是电阻小于 1 Ω。

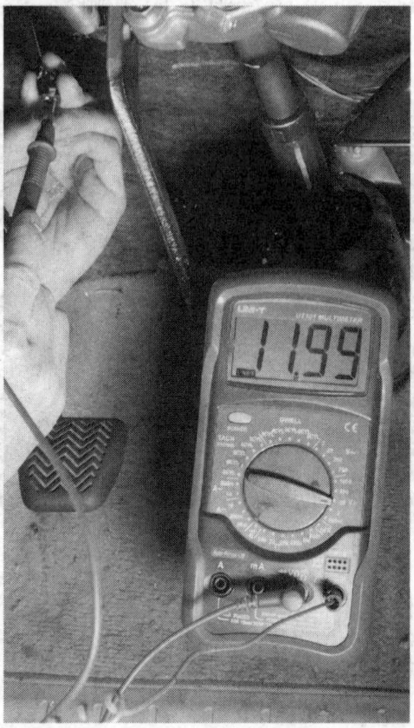

图 4-2-6　测量离合器电源电压

（8）测量起动机 50 端子。

如图 4-2-7 所示，取下起动机 50 端子，测量在启动挡时的电压，标准值为 12 V。

图 4-2-7　测量起动机 50 端子电压

（9）吸引线圈检查。

a. 从端子 C 上断开励磁线圈引线。

b. 按如图 4-2-8 所示，将蓄电池连接至电磁开关，并确认小齿轮向外移动，否则更换电磁开关总成。

（10）保持线圈测试。

如图 4-2-9 所示，从端子 C 上断开电缆后检查并确认小齿轮没有朝内回位，否则更换电磁开关总成。

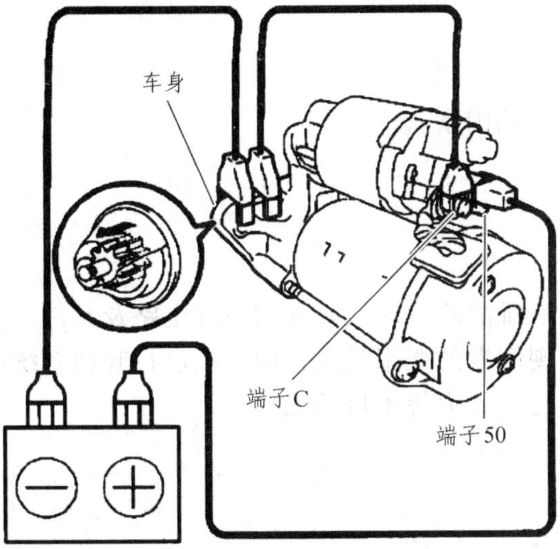

图 4-2-8　吸引线圈检查

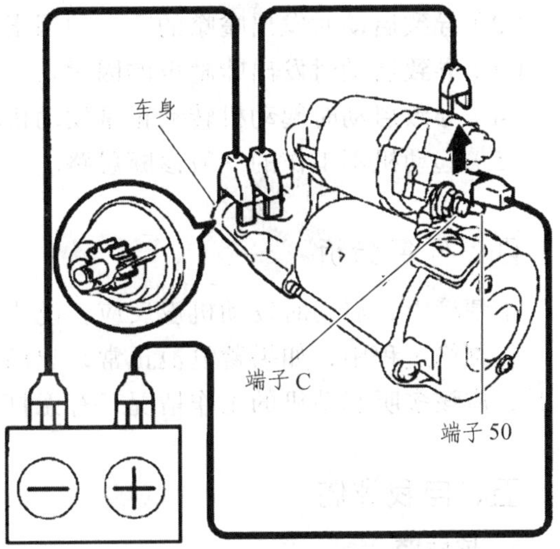

图 4-2-9　保持线圈测试

（11）检查离合器小齿轮的回位。

如图 4-2-10 所示，松开起动机的搭铁端，检查并确认小齿轮朝内移动，否则更换驱动机构。

（12）起动机无负载测试。

a. 将励磁线圈引线连接至端子 C。

b. 将起动机夹在台钳中。

c. 如图 4-2-11 所示，将蓄电池和电流连接至起动机。

d. 检查并确认电流表显示规定电流。标准值电压为 11.5 V，电流小于 90 A，否则更换起动机总成。

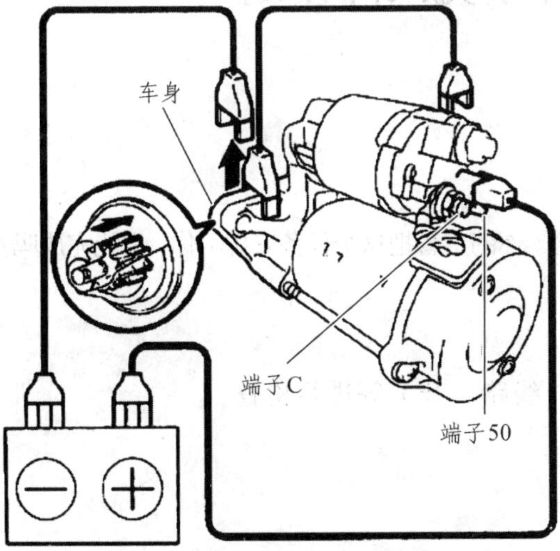

图 4-2-10　起动机小齿轮的回位检查

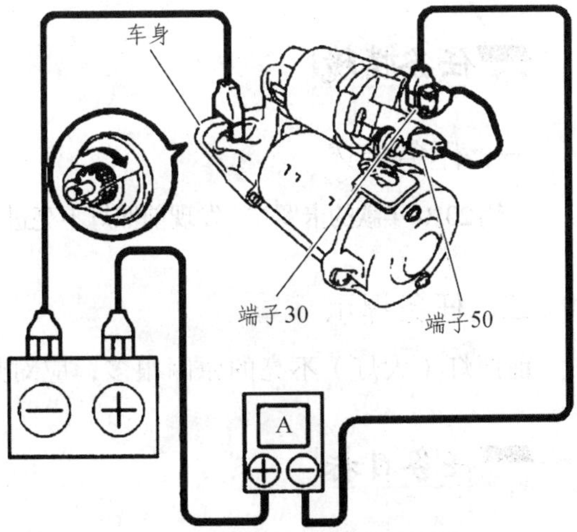

图 4-2-11　起动机无负载测试线路连接示意图

三、学习小结

（1）导致启动发动机时无任何反应的因素。

（2）导致启动时发出嗡嗡的声音的因素。

（3）导致启动时发出咔哒声的因素。

（4）导致启动时起动机转动正常发动机不启动的因素。

（5）起动机不工作的一般诊断思路。

四、任务分析

本情境中，启动时发动机没反应，说明起动系统故障，应检查起动系统电路及元件。

在维修过程中，如果蓄电池正常，起动机出现问题的概率最大，因此在进行起动系统维修时，应该多听起动机的工作情况，有无打滑和运转无力等不良情况。

五、自我评估

1. 填空题

（1）某些装备手动变速器的车型，启动发动机时需要踩下＿＿＿＿＿＿＿＿＿＿。

（2）装备自动变速器的车型，启动发动机时，挡位应置于＿＿＿＿＿＿＿＿＿＿。

2. 判断题

（1）起动继电器损坏将会导致发动机不能启动。（　　）

（2）未能识别点火开关起动信号时，发动机不能启动。（　　）

（3）起动机单向离合器开关损坏将会到发动机启动时发出咔哒声。（　　）

工作任务三　前照灯不亮故障诊断

任务情境

一、任务描述

一辆2010年款的卡罗拉，发现前照灯不亮进厂维修。你的主管把这个任务安排给你，你能完成吗？

二、任务提示

前照灯（大灯）不亮的原因很多，应对灯泡、线路、开关等进行检查。

任务目标

一、知识目标

（1）能描述前照灯不亮的故障现象与可能原因。

（2）能描述前照灯不亮的故障排除方法。

二、能力目标

能进行前照灯不亮的故障诊断与排除。

必备知识

一、基本知识

1. 前照灯故障现象与可能原因

以丰田卡罗拉为例，发生前照灯（前大灯）的故障，使用表 4-3-1 可帮助诊断故障原因。以递减的顺序表示故障原因的可能性，可按顺序检查每个可疑部位。必要时维修或更换有故障的零件或进行调整。

表 4-3-1　前照灯不亮故障诊断表

症状	可疑部位
一侧近光前大灯没有亮起	H-LP LHLO 保险丝或 H-LP RHLO 保险丝
	灯泡
	线束或连接器
	灯控 ECU（HID 前大灯）
左右两侧近光前大灯均没有亮起	H-LP MAIN 保险丝
	前大灯继电器
	前大灯变光开关总成
	线束或连接器
一侧远光前大灯没有亮起	H-LP LHHI 保险丝或 H-LP RHHI 保险丝
	灯泡
	线束或连接器
左右两侧远光前大灯均没有亮起（近光前大灯正常）	前大灯变光继电器
	前大灯变光开关总成
	线束或连接器
“远光闪光”前大灯没有亮起（会车灯功能）	前大灯变光开关总成
近光前大灯或远光前大灯不熄灭	前大灯变光开关总成
	线束或连接器

2. 前照灯相关的元件位置图

如图 4-3-1 所示为前照灯相关的元件位置图。

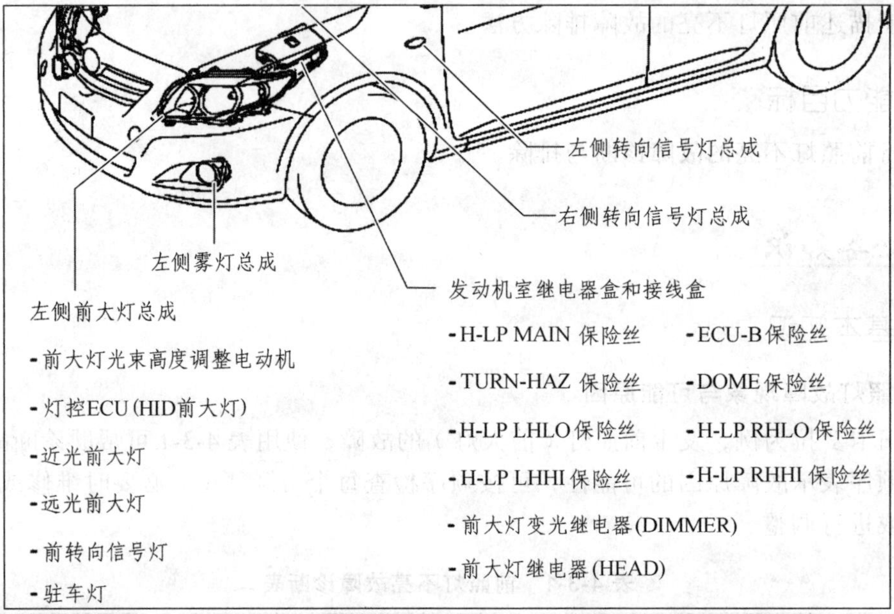

图 4-3-1　前照灯相关的元件位置图

3. 前照灯相关的线路图

如图 4-3-2 所示为前照灯相关的线路图。

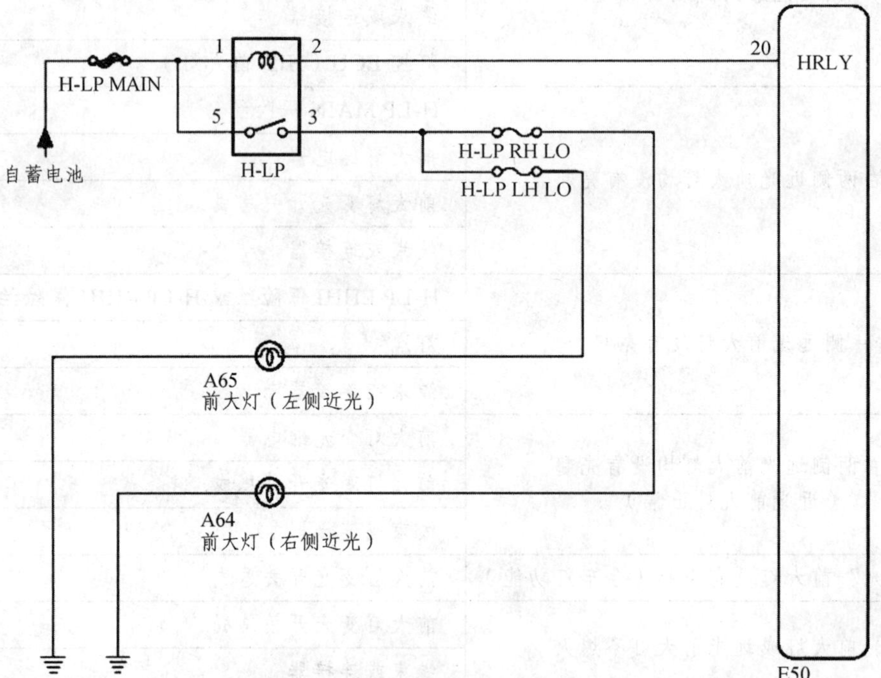

图 4-3-2　前照灯相关的线路图

二、基本技能

右侧近光不亮的诊断与排除

参照故障诊断表、元件位置图和线路图，以卡罗拉右侧近光灯不亮的故障，介绍诊断和排除步骤。

1）准备工作

（1）防护装备：工作服、工作帽、手套、劳保鞋。

（2）车辆、台架、总成：卡罗拉整车。

（3）诊断设备：万用表。

（4）手工工具：拆装工具一套。

（5）辅助材料：翼子板布和前格栅布、三件套、抹布、手套、白板笔。

2）实施步骤

（1）试车。

试车验证故障现象，并准确记录故障现象。

（2）检查右侧近光灯保险丝。

a. 根据元件位置图找到右侧近光灯保险丝（H-LP RH LO）。

b. 如图 4-3-3 所示，取下右侧保险丝，目测检查或者万用表检查保险的好坏。

如果损坏则更换保险丝。

图 4-3-3　保险丝的检查

（3）检查右侧近光灯。

a. 如图 4-3-4 所示，拆下右侧近光灯灯泡。

b. 目视检查近光灯灯丝是否烧断，烧损则更换灯泡。

图 4-3-4　拆卸右侧近光灯泡

（4）检查右侧近光灯线路。

a. 检查近光灯插接器，有无腐蚀、线断裂。

b. 如图 4-3-5 所示，用万用表检查右侧近光灯的电源线，标准电压为蓄电池电压，如无电和电压过低，说明线路有腐蚀松动，应进行线路的维修。

图 4-3-5　检查右侧近光灯电源电压

三、学习小结

（1）前照灯不亮的故障现象分析。

（2）前照灯不亮故障诊断与排除时需要的元件及线路图。

（3）前照灯不亮故障排除步骤。

四、任务分析

本情境中，前照灯不亮最常见的故障是灯泡烧坏。如果灯泡正常，应检查线路及开关。

前照灯易损坏的是保险丝和灯泡，常见问题是某近光或远光都不亮，或者某个灯泡不亮。前照灯随着使用的时间增加，将会导致灯光的照射距离发生改变，因此需要定期进行灯光的高度调节。

五、自我评估

1. 填空题

（1）符号为 H-LP LH LO 是__________的保险丝。

（2）根据电路图，前大灯继电器受____________控制。

2. 判断题

（1）卡罗拉近光继电器不工作将会导致远光也不工作。（　　　）

（2）前照灯继电器损坏，左右的前大灯都不亮。（　　　）

3. 选择题

（1）下列（　　）损坏将会导致只有近光工作，远光都不工作。

A. 右侧远光保险丝　　B. 右远光保险丝

C. 远光开关　　D. 车身 ECU

工作任务四　电喇叭故障诊断

任务情境

一、任务描述

一辆 2010 年款的卡罗拉，发现只有高音喇叭工作，进厂维修。你的主管把这个任务安排给你，你能完成吗？

二、任务提示

低音喇叭不响，应对喇叭、保险丝、开关和线路等进行检查。

任务目标

一、知识目标

（1）能描述电喇叭的故障现象和可能原因。

（2）能描述电喇叭的故障诊断与排除思路。

二、能力目标

能进行电喇叭故障的诊断与排除。

必备知识

一、基本知识

1. 电喇叭故障现象与可能原因

以丰田卡罗拉为例，发生喇叭不工作的故障，使用表 4-4-1 可帮助诊断故障原因。以递减的顺序表示故障原因的可能性，按顺序检查每个可疑部位。必要时维修或更换有故障的零件或进行调整。

表 4-4-1　电喇叭故障症状表

症状	可疑部位
喇叭不响	HORN 保险丝
	集成继电器（喇叭继电器）
	转向盘装饰盖（喇叭开关）
	螺旋电缆
	线束
喇叭一直响	集成继电器（喇叭继电器）
	转向盘装饰盖（喇叭开关）
	螺旋电缆
	线束
低音喇叭工作，但高音喇叭不工作	高音喇叭和线束
高音喇叭工作，但低音喇叭不工作	低音喇叭和线束

2. 喇叭相关的元件位置图

喇叭相关的元件位置图如图 4-4-1 所示。

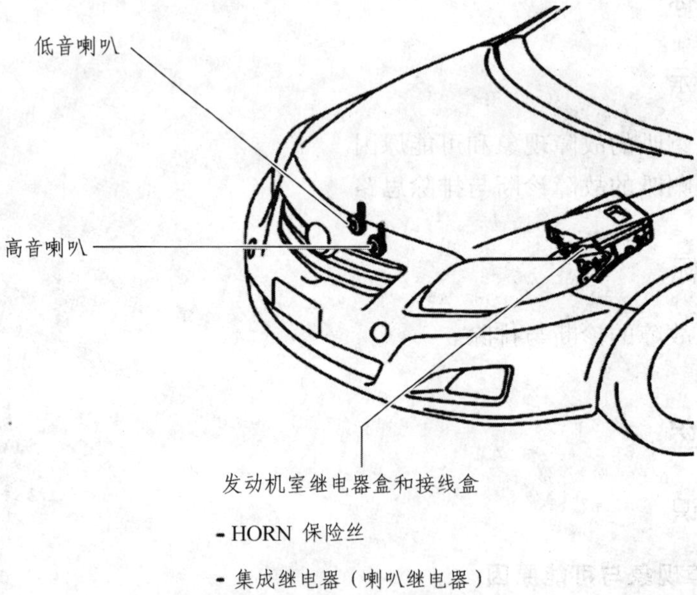

图 4-4-1　喇叭相关的元件位置图

3. 喇叭相关的线路图

喇叭相关的线路图如图 4-4-2 所示。

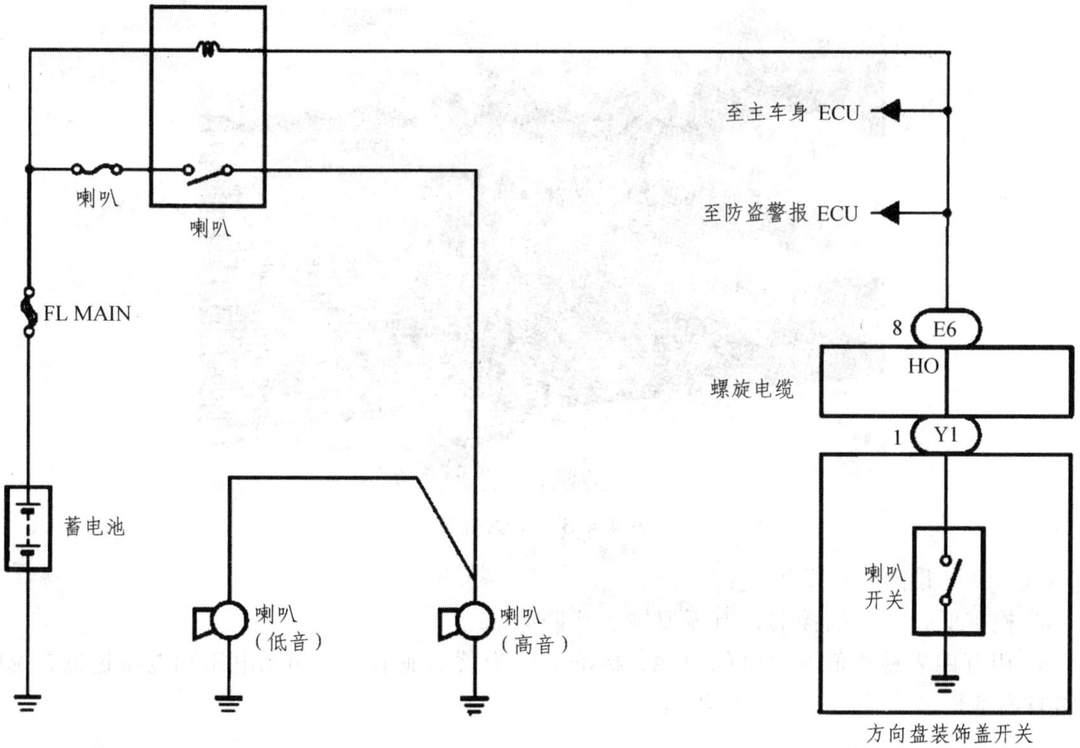

图 4-4-2　喇叭相关的线路图

二、基本技能

低音喇叭不响的诊断与排除

参照故障诊断表、元件位置图和线路图，以卡罗拉低音电喇叭不响的故障，介绍诊断和排除步骤。

1）准备工作

（1）防护装备：工作服、工作帽、手套、劳保鞋。

（2）手工工具：拆装工具一套。

（3）仪器设备：万用表。

（4）材料准备：干净的抹布。

2）操作步骤

（1）确认故障现象。

按压转向盘装饰盖，确认故障现象。

（2）检查低音喇叭。

a. 根据元件位置图找到低音喇叭。如图 4-4-3 所示，左边为低音喇叭，右边为高音喇叭。

b. 取下低音喇叭施加蓄电池电压，如不响或者声音不正常则更换低音喇叭。

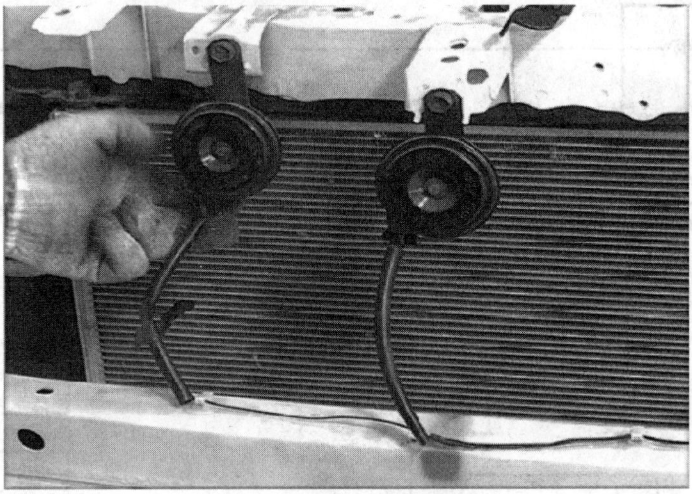

图 4-4-3　喇叭位置

（3）检查低音喇叭线路。

a. 检查低音喇叭插接器，有无腐蚀、线断裂。

b. 用万用表检查低音喇叭的电源，标准电压为蓄电池电压，如无电压和电压过低，说明线路有腐蚀松动，应进行线路的维修。

提示：

如果安全气囊指示灯正常，则螺旋电缆完好，无需检查。

三、学习小结

（1）电喇叭的故障症状及原因。

（2）电喇叭故障诊断与排除需要的元件位置及线路图。

（3）电喇叭的故障排除步骤。

四、学习小结

本情境中，低音喇叭不响，根据线路图，可能原因是低音喇叭及线路损坏。

五、自我评估

判断题

（1）只有低音喇叭不响可能是喇叭保险丝断了。（　　）

（2）喇叭开关损坏，高音低音喇叭都不响。（　　）

工作任务五　倒车灯不亮故障诊断

任务情境

一、任务描述

一辆 2010 年款的卡罗拉轿车，发现倒车灯不亮，进厂维修。你的主管把这个任务安排给你，你能完成吗？

二、任务提示

倒车灯不亮的原因很多，应对灯泡、线路、开关等进行检查。

任务目标

一、知识目标

（1）能描述倒车灯不亮的可能原因。
（2）能描述倒车灯不亮的故障诊断与排除思路。

二、能力目标

能对倒车灯不亮进行故障诊断与排除。

必备知识

一、基本知识

1．倒车灯故障现象与可能原因

以丰田卡罗拉为例，发生倒车灯不亮的故障，使用表 4-5-1 可帮助诊断故障原因。以递减的顺序表示故障原因的可能性，按顺序检查每个可疑部位。必要时维修或更换有故障的零件或进行调整。

表 4-5-1　倒车灯故障诊断表

症状	可疑部位
倒车灯不亮	灯泡
	ECU-IG NO.2 保险丝
	挡位开关（自动变速器）
	倒车灯开关（手动变速器）
	线束或连接器

2. 倒车灯相关的元件位置图

如图 4-5-1 所示是倒车灯位置，如图 4-5-2 所示是倒车灯开关和挡位开关位置。

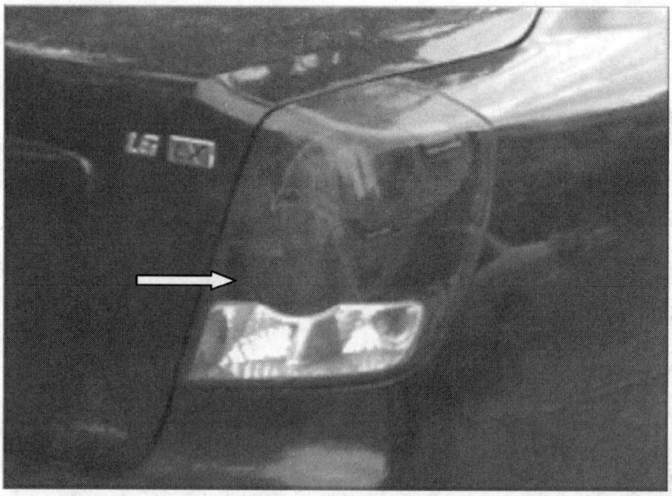

图 4-5-1　倒车灯

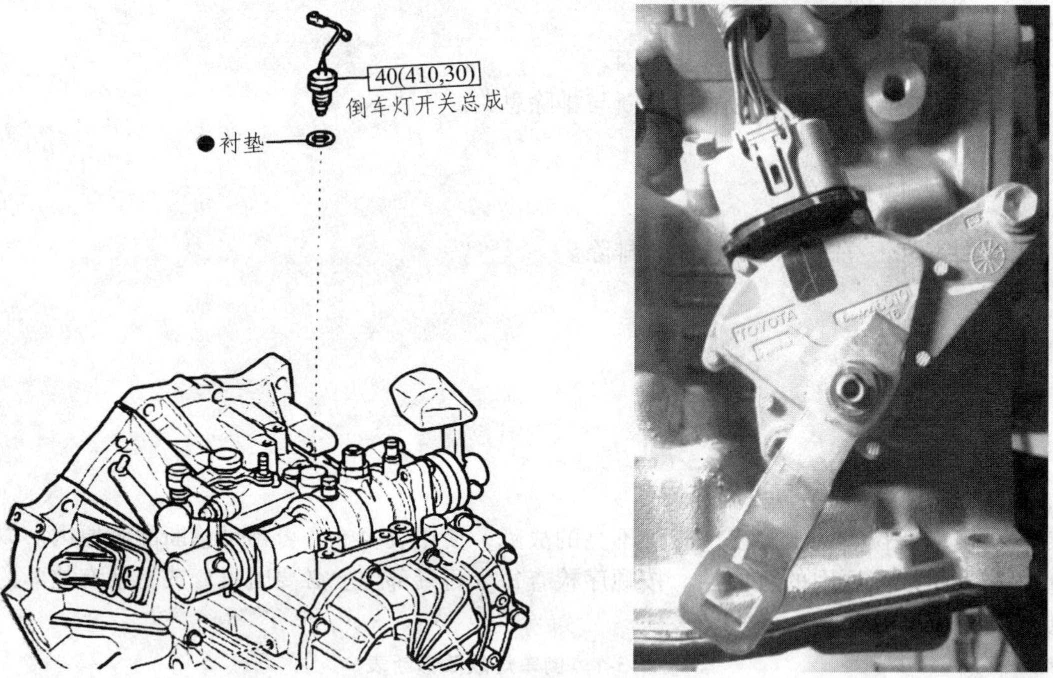

图 4-5-2　手动变速器倒车灯开关和自动变速器挡位开关

3. 倒车灯相关的线路图

如图 4-5-3 所示是倒车灯线路图。当挂入倒挡时，电源经过点火开关—10A ECU-IG NO.2 保险丝—倒车灯开关—倒车灯—L3 搭铁，倒车灯工作。

倒车灯

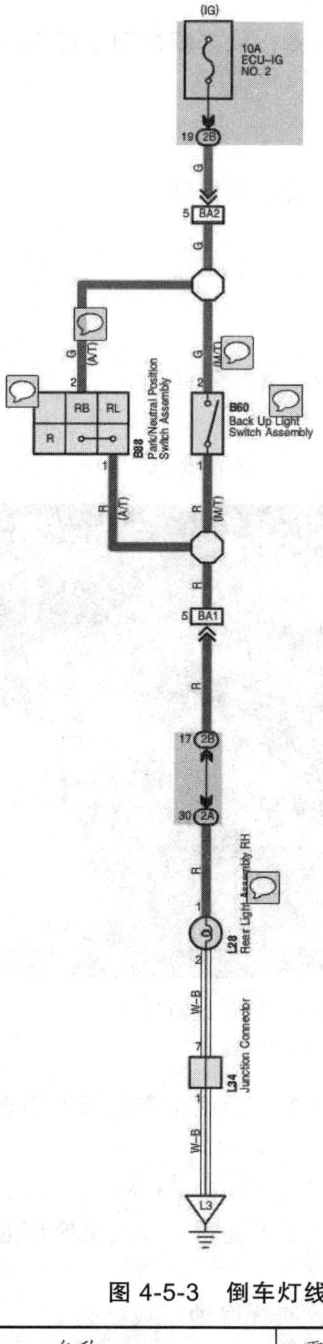

图 4-5-3 倒车灯线路图

零件代码	名称	零件代码	名称
B88	自动变速器倒车灯开关	B60	手动变速器倒车灯开关
L28	右后倒车灯（右尾灯总成）		

二、基本技能

倒车灯不亮的诊断与排除

参照故障诊断表、元件位置图和线路图，以卡罗拉倒车灯不亮的故障，介绍诊断和排除步骤。

1）准备工作

（1）防护装备：工作服、工作帽、手套、劳保鞋。
（2）手工工具：拆装工具一套。
（3）仪器设备：万用表。
（4）材料准备：干净的抹布。

2）操作步骤

（1）确认故障现象。

如图 4-5-4 所示，挡位置于倒车挡，确认故障现象。

图 4-5-4　确认故障现象

（2）检查倒车灯保险丝。

取下倒车灯保险丝（10A ECU-IG NO.2），目测检查或者万用表检查保险的好坏。如损坏则更换。

（3）检查倒车灯。

拆下倒车灯灯泡，目视检查倒车灯丝是否烧断，烧损更换灯泡。

（4）检查倒车灯开关及倒车灯线路。

a. 检查倒车灯及倒车灯开关插接器，有无腐蚀、线断裂。

b. 用万用表检查倒车开关的电源线，标准电压为蓄电池电压，如无电和电压过低，说明线路有腐蚀松动，应进行线路的维修。

c. 用万用表检查倒车灯开关，倒车开关接通（按下）时电阻小于 1 Ω，如过大应更换倒车灯开关。

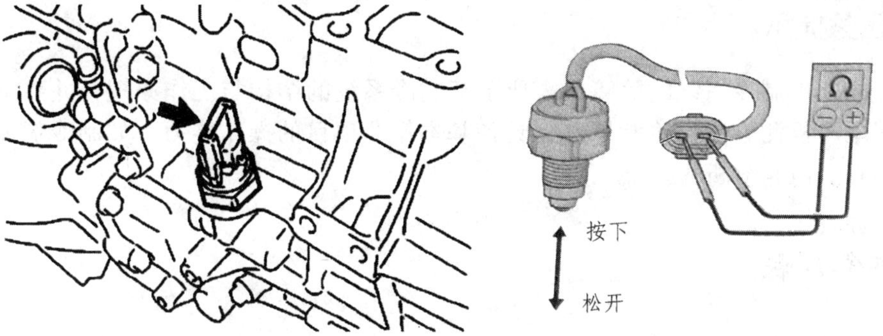

图 4-5-5　检查倒车灯开关

d. 挂入倒车挡，检查倒车灯电源线，标准电压为蓄电池电压，如无电和电压过低，说明线路有腐蚀松动，应进行线路的维修。

三、学习小结

（1）倒车灯不亮的故障分析。
（2）倒车灯不亮故障诊断与排除时需要的元件及线路图。
（3）倒车灯故障排除步骤。

四、任务分析

本情境中，倒车灯不亮，首先确定灯泡是否正常，然后检查包括倒车灯开关在内的线路。

五、自我评估

填空题

（1）倒车灯的保险丝是______________。
（2）自动变速器的车辆，倒车灯开关在________上。

工作任务六　空调系统不制冷故障诊断

任务情境

一、任务描述

一辆丰田卡罗拉轿车，进厂维修空调故障。客户反映空调不制冷。你的主管将此任务交给你，你能处理吗？

二、任务提示

要能正确处理制冷系统的故障，需要了解制冷系统的结构与工作原理，并熟悉制冷系统常见故障现象、检测方法和诊断思路，具备基本作业项目的操作能力，如制冷剂加注、空调系统元件检测、电路分析等。

任务目标

一、知识目标

（1）能描述汽车空调系统组成、原理、常见制冷故障现象。

（2）能描述汽车空调系统不制冷的故障检修注意事项。

（3）能描述汽车空调不制冷的故障检修方法。

二、能力目标

1. 能进行汽车万用表、测试灯、解码器、冷媒加注机、风速计、测温仪等工具的使用。
2. 能识读汽车空调制冷系统电路图、维修手册。
3. 能进行汽车空调系统不制冷的故障检修。

必备知识

一、基本知识

1. 汽车制冷系统常见故障

空调作为车辆一个相对独立的系统，其故障类型与其结构密切相关。一般而言，空调制冷系统的故障可分为以下几类：

1）空调系统不工作

该故障出现时，驾乘人员操作空调面板后，空调系统不运行，所有功能不工作。

故障诊断应先从故障现象入手，并实车确认故障现象是非常重要的。出现该种故障时，维修人员应重点检查空调系统的供电及线路方面，以及整个空调系统的控制单元是否正常工作。

2）空气流量控制故障

空气流量控制故障指的是鼓风机及其调速控制系统出现故障。出现该故障时，通常会出现鼓风机不工作、鼓风机异响、鼓风机转速失控、风量不足等现象。

出现该故障时，维修人员应重点检查鼓风机及其控制电路。维修时，应结合鼓风机控制电路及维修手册进行。

3）温度控制故障

常见的温度控制故障为没有冷风（或暖风）吹出、出风温度比设置的低或高、出风温度响应较慢、温度调节失控（仅最高或最低）等现象。

出现上述故障时，重点检查制冷系统（暖风系统）组件，测量空调系统的诊断参数，判断故障出现的部位，并综合运用诊断仪读取故障码、数据流测试、主动测试及电路检查及元件测试等方法判定故障。

4）模式失控

模式故障指的是内外循环模式故障或出风模式故障。例如内外循环不能切换或出风模式不能切换。

出现上述故障时，应重点检查控制单元和伺服电机及其控制电路。

5）怠速提升故障

当开空调时，空调系统会给发动机模块发出怠速提升请求信号。当系统出现故障时，发动机怠速不提升或持续提升，此时应检查空调面板及其电路、信号传输线路等。

6）空调异味

空调异味产生的原因是在蒸发箱密闭的空间内产生了霉菌或空调滤清器失效。出现空调异味时，应检查空调滤清器，以及对蒸发箱及排水管道、风道等进行清洗消毒杀菌。在使用过程中应提醒客户正确使用空调。当开冷气时，在关闭发动机前应提前几分钟关闭空调，但保持鼓风机工作，使蒸发器内的湿气被吹出，减少内外温差，避免细菌滋生。

2. 汽车空调常规检查方法

汽车空调在检查过程中，要做到一听、二看、三摸、四检查，具体步骤如下：

启动发动机并稳定在 1 500 r/min 左右，将空调系统的鼓风机启动并置于高速挡，置功能键于 A/C 挡。并移动调温键从冷至热，再由热至冷慢慢移动，测定或手感空调出风口的温度变化以及各控制键的操纵是否灵活、轻便。

1）一听

从压缩机的运行声音状况来判断其运转状况。

（1）听到压缩机传出清脆而均匀的阀片跳动声，即为正常。

（2）听到有敲击声，即表明制冷剂有“液击”声或者喷油（油量过多）敲缸等故障。

（3）听到机体内有较严重的摩擦声以及离合器时而发出摩擦声，表明是压缩机负荷太重，润滑油不足以及离合器打滑。

（4）听到外部有拍击声，是 V 形皮带太松或是严重磨损。

（5）听一下空调器内的风扇转动是否有响声。如果风扇有响声， 表明是叶片碰击异物、风扇轴承磨损或者缺油。

（6）当在停机过程中，清晰地听到机体内运动部件的连续撞击声，则是内部的运动部件的磨损严重，引起轴与轴承之间，活塞与缸体之间，连杆与轴之间间隙过大或者出现松动。

2）二看

（1）观察冷凝器表面是否清洁，因为杂物和泥土附在冷凝器上会影响制冷效果。平时要经常用水清洗冷凝器。但是应注意，在清洗冷凝器时，不要把翅片碰变形。对于已变形的翅片，应细心地用尖嘴钳矫正过来。

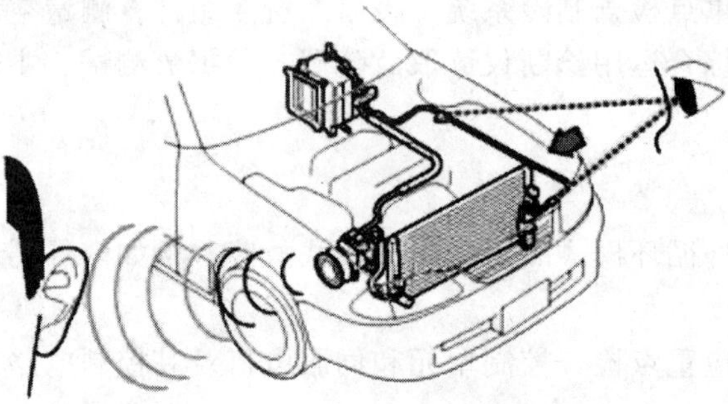

图 4-6-1　听、看示意图

（2）汽车空调器的蒸发器进风处，一般汽车都装有空调滤芯。所以要定期观察空调滤芯。

（3）观察空调制冷系统的所有连接部位是否有油渍。一旦有油渍，说明此处有制冷剂渗漏，此时应用电子检漏仪或其他类检漏装置进行检查。一旦发现或确定有制冷剂泄漏，必须马上排除故障。

（4）检查压缩机轴封是否渗漏。

（5）仔细检查各软管有无磨损、老化、鼓泡、裂纹和渗漏等现象。由于汽车的冷、暖系统采用了大量的橡胶管，在汽车行驶过程中易与汽车车身摩擦产生磨损，在发动机室内因经受高温易老化，制冷管遇低温容易龟裂，结果导致制冷剂和冷冻润滑油泄漏，使水分、空气和灰尘渗入，使压缩机及各个部件受到损害。因此，一旦发现橡胶管和发动机接触，要及时隔开并固定好橡胶管。胶管穿过金属板，一般都应有防护套，并注意防护套要固牢，否则金属会割破胶管。

3）三摸

用手触摸正在运行中的空调系统管路和各部件的温度。一般在正常情况下，高压端的管路温度应在 55 ~ 65 °C 范围以下，而低压端管路因处于低温状态，所以低压端的部件和管路，连接部分表面都会结有水露。

（1）用手小心摸触高压区，特别是高压端金属部件，如压缩机的出口阀、冷凝器、储液干燥器等。这些部分应都是热的，正常为手感热而不烫手。若手感烫手，则应先检查冷凝器的冷却是否良好，冷凝器表面是否清洁而无杂物，风扇的风量是否过小。此时可以试用大风扇对着冷凝器吹，若温度还是烫手，则可能是制冷剂过多。若高压端手感热度不够，则为制冷剂过少；若没有温度，则为制冷剂漏光。

（2）低压管的手感为冰凉，有水露，但不应该有霜。若有霜说明系统有故障，可能是膨胀阀的故障也可能是制冷剂充注太多，需要放掉一些；或者是蒸发器的温度传感器或恒温器出现了故障。

（3）如果在储液干燥器上出现霜或水露，这说明干燥剂已破碎堵住了制冷剂流动管道，而且此处的前端高压区表现为热度是很烫手的。此时必须尽快排除堵塞问题，换上一只新的储液干燥器。

（4）膨胀阀的手感温度是比较特殊的，它的制冷剂进口连接处是热的，而其出口连接处是凉的有水露。

（5）用双手触摸压缩机的进气口和排气口，手感温度应该有明显的差别。若没有温度差别，则说明制冷剂已经全部漏光；若差别不大，则说明制冷剂不足。

（6）用手摸触各个接头是否已经松动等。特别是一些电器插接器的连接是否松动，这些对空调系统的正常工作都有极大的影响。所以，正常的检查必须包括对电器连接件的固定、紧固和清洁等。

4）四检查

对系统进行了上述 3 个步骤的初检后，还需做进一步的检查，以准确判断空调系统的故障所在。

（1）检查 V 形皮带的张力。

空调带轮直径不同，中心距不同，所要求的张力也不同；新、旧 V 形皮带的张力也不同；即使是新 V 形皮带，用上 5 min 后，其张力也会发生较大变化。所以对新安装的 V 形皮带必须进行两次调整。第一次为新安装后，调整到规定值。运行 30 min 后新 V 形皮带两边的毛边已经磨去，再进行第二次调整。

（2）检查电磁离合器。

接通离合器电源开关，此时压缩机应马上运行；断开电源，压缩机应立即停止运行。若不是这样，应先检查开关是否损坏，再检查电磁线圈是否正常。

（3）检查风扇电动机的调速器。

打开风扇电动机开关后，从低挡到高挡进行转速调节，以检查其送出的风量是否有变化，若没有变化，则可能是调速器的电阻损坏。

（4）检查高、低压保护开关和过热保护器。

高、低压保护开关和过热保护器的功能是在制冷系统发生故障时，保护压缩机和制冷系统不会损坏。它们都和空调开关、风扇开关串联在一起。当系统工作压力太高，或者当环境温度太低，制冷剂泄漏过多，高、低压力开关便会切断压缩机离合器电路。

（5）检查供暖系统。

首先应保证有足够的冷却液，冷却液若不干净或有铁锈，液色变黄，都应该将冷却液放掉，再用化学清洗剂清洗冷却系统，用清水清洗干净，然后加满冷却液。启动发动机至冷却液温度正常。拨动调温键至取暖位置，这时出风口应有温暖空气吹出。

（6）检查膨胀阀。

膨胀阀的毛细管应牢固地夹紧和用绝缘布包捆在蒸发器出口处，有的毛细管应准确插入制冷管路的插孔中，并用感温油包覆。

（7）检查视液镜。

汽车空调一般装配有视液镜，用来观察制冷系统内部制冷剂的流动情况，大多数轿车的视液镜设置在储液干燥器的出口处，只有个别轿车，大、中型客车视液镜设置在储液干燥器和膨胀阀之间的管道上。视液镜的设置，给保养汽车空调带来了许多方便。在检查汽车空调时，可以通过观察视液镜中制冷剂的流动状况来确定制冷系统制冷工况是否正常。通过视液镜来检查制冷系统制冷工况的步骤如下：

启动发动机，并将转速稳定在 1 500 ~ 1 700 r/min，让制冷压缩机运行 5 min。擦干净视液镜的玻璃，把空调功能选择键置于最大制冷状态，且使送风机（包括空调器和冷凝器送风机）达到最高转速。这时可以通过视液镜中观察到如下几种情况，如图 4-6-2 所示。

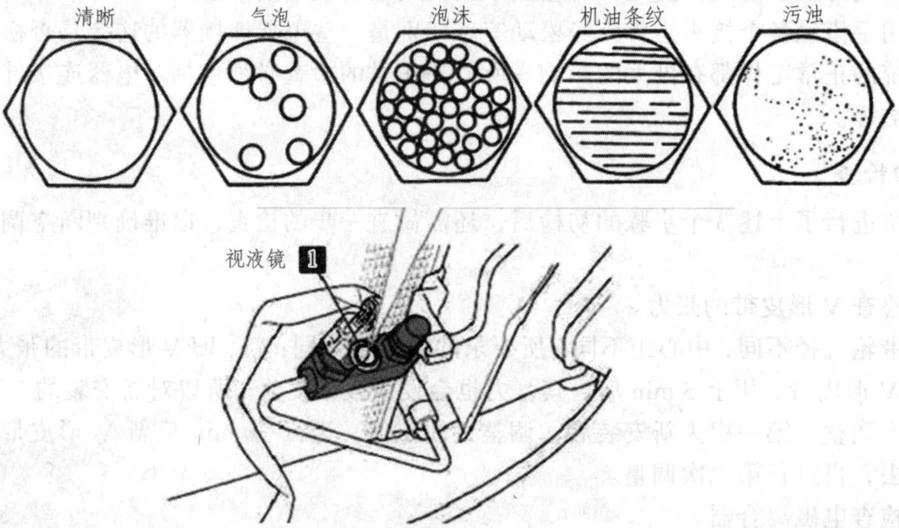

图 4-6-2 视液镜检查情况分析图

① 清晰。视液镜内没有气泡出现，也看不见液体流动。这种状况表明系统有 3 种状况：

a. 表示系统内制冷剂已全部泄漏光。这时若用手触摸压缩机进、排气口，没有温度差异，空调器出风口的空气温度亦不冷。这时应立即关闭发动机，检查制冷系统制冷剂泄漏的原因，并进行维修。

b. 制冷剂过多。两手分别触摸压缩机进气管和排气管口，温差明显，而且高压侧有烫手感，低压侧能看到冰霜；空调器出风口的温度比正常制冷剂量时高 3 ~ 5 °C；关闭空调系统压缩机 45 s 以后，视液镜内仍然清晰无气泡流过，便可以判断是系统内制冷剂量过多，此时便必须把多余的制冷剂排除。否则，会出现管道破裂，制冷性能降低，能耗上升等故障。用压力表测量高压端，则其值超过正常值。

c. 制冷剂适量。此时的现象和制冷剂量过多时相比较，首先是高压不烫手，出风口的温度较冷。

② 偶有气泡。偶尔或者缓慢地看到有少量气泡流过，此状态说明制冷剂量稍有不足或制冷系统的干燥剂已经饱和，制冷剂内有水分混入。区分上述情况的方法如下：

a. 当膨胀阀有结霜现象出现，并且视液镜有时能看到变颜色的干燥剂，则说明系统制冷剂含有水分，应马上更换干燥瓶。

b. 当膨胀阀没有结霜现象出现，说明制冷剂量不足，必须加入适量的制冷剂，并检查有无泄漏之处。

③ 有大量气泡或泡沫状。此状态说明系统内制冷剂量严重不足，并伴有大量水分和空气进入系统。此时必须采用制冷剂检漏仪查漏维修。然后将制冷系统抽真空，加入足量的冷冻润滑油和制冷剂。

④ 视液镜的玻璃上有机油条纹或污浊。表明系统有如下 3 种故障：

a. 如果压缩机进、排管有明显温差，此时关闭空调系统压缩机，视液镜内玻璃的油渍干净，说明系统制冷剂量略少，而冷冻润滑油量过多。此时应从系统内释放一些冷冻润滑油，再加入适量的制冷剂。

b. 如果压缩机进、排气管有明显温差，此时关闭空调系统压缩机，玻璃上留下的油渍是黑色或有其他杂物，则说明空调系统内的冷冻润滑油已变质、受污染。此时在清洗制冷系统后，重新注入冷冻润滑油和制冷剂。

c. 如果压缩机进、排气阀门没有明显的温差，空调器出口也没有冷气出来，则说明制冷剂已全部漏完，镜上的是冷冻润滑油。

3. 空调系统故障现象及可能原因

利用空调系统常见的故障症状表，可以了解产生各种故障背后的原因。在故障诊断时，可以按照由简单到复杂、由表及里的方式逐一排查可能引起故障的各种可能，不断进行故障分离，直至找到故障点，最终进行修复排除故障。

不同车型，由于其空调结构有细微差别，特别是控制系统和电路有差别，故障症状表也会有些不同。

以下将以丰田卡罗拉为例来说明故障症状表的应用，见表 4-6-1。

表 4-6-1　卡罗拉空调故障症状表

症状	可疑部位	解释
空调系统的所有功能不工作	IG 电源电路	电源电路
	备用电源电路	电源电路
	加热器控制面板电源电路	电源电路
	LIN 通信电路	通信线路
	空调控制总成	空调面板
	空调放大器	控制单元
空气流量控制：鼓风机不工作	鼓风机电动机电路	执行器电路
	加热器控制面板电源电路	电源电路
	LIN 通信电路	通信线路
	空调控制总成	控制面板
	空调放大器	控制单元
空气流量控制：鼓风机失控	鼓风机电动机电路	执行器电路
	加热器控制面板电源电路	电源电路
	LIN 通信电路	通信线路
	空调控制总成	控制面板
	空调放大器	控制单元
空气流量控制：空气流量不足	鼓风机电动机电路	执行器电路
	空调放大器	控制单元
	制冷剂量	工作介质

续表

症状	可疑部位	解释
空气流量控制：空气流量不足	制冷剂压力	工作介质压力
	压力传感器电路	传感器电路
	压缩机电磁阀电路	执行器电路
	空气混合控制伺服电动机电路	执行器电路
	蒸发器温度传感器电路	传感器电路
	车内温度传感器电路	传感器电路
	环境温度传感器电路	传感器电路
	加热器控制板电源电路	电源电路
	LIN 通信电路	通信线路
	膨胀阀	制冷组件
	空调控制总成	控制面板
	空调放大器	控制单元
温度控制：无暖风吹出	空气混合控制伺服电动机电路	执行器电路
	蒸发器温度传感器电路	传感器电路
	车内温度传感器电路	传感器电路
	环境温度传感器电路	传感器电路
	发电机信号电路	信号电路
	前大灯信号电路	信号电路
	PTC 加热器电路	执行器电路
	CAN 通信系统	通信线路
	发动机冷却液温度传感器电路	传感器电路
	空调放大器	控制单元
温度控制：出风温度比设置温度高或低或响应慢	制冷剂量	工作介质
	制冷剂压力	工作介质压力
	阳光传感器电路	传感器电路
	车内温度传感器电路	传感器电路
	环境温度传感器电路	传感器电路
	空气混合控制伺服电动机电路	执行器电机
	发电机信号电路	信号电路
	前大灯信号电路	信号电路
	PTC 加热器电路	执行器电路
	散热器单元分总成	暖风系统组件

续表

症状	可疑部位	解释
温度控制： 出风温度比 设置温度高或 低或响应慢	膨胀阀	制冷系统组件
	CAN 通信系统	通信电路
	发动机冷却液温度传感器电路	传感器电路
	空调放大器	控制单元
温度控制： 温度失控 （仅最冷或最热）	空气混合控制伺服电动机电路	执行器电路
	车内温度传感器电路	传感器电路
	环境温度传感器电路	传感器电路
	蒸发器温度传感器电路	传感器电路
	阳光传感器电路	传感器电路
	发电机信号电路	信号电路
	前大灯信号电路	信号电路
	PTC 加热器电路	执行器电路
	压缩机电磁阀电路	执行器电路
	CAN 通信系统	通信线路
	空调控制总成	控制面板
	ECM 发动机控制单元	控制单元
	空调放大器	控制单元
进气失控	进气控制伺服电动机电路	执行器电路
	空调放大器	控制单元
空气流量模式失控	出气控制伺服电动机电路	执行器电路
	空调放大器	控制单元
发动机无怠速提升或 持续提升	压缩机电磁阀电路	执行器单元
	加热器控制面板电源电路	电源电路
	LIN 通信电路	通信线路
	空调控制总成	控制面板
	空调放大器	控制单元
	ECM	控制单元
空调指示灯闪烁	压缩机电磁阀电路	执行器电路
	空调放大器	控制单元
离子发生器 指示灯不亮	鼓风电动机电路	执行器电路
	离子发生器电路	执行器电路
	空调放大器	控制单元
不记录诊断故障码。当点火开关置于 OFF 位置时，取消设置模式	备用电源电路	电源电路
	空调放大器	控制单元

二、基本技能

空调系统不制冷故障诊断步骤

空调系统不制冷故障应重点检查制冷系统及控制系统是否存在故障。

1）准备工作

（1）防护装备：工作服、工作帽、手套、劳保鞋。

（2）手工工具：拆装工具一套。

（3）仪器设备：歧管压力表、红外线测温仪或温度计。

（4）材料准备：干净的抹布。

2）控制系统检查

（1）检查电源电路。

在表 4-6-1 中，列举了空调系统的电源电路。如果电源电路出现故障，整个空调系统将不工作，系统也不会制冷。

在维修时，应对照车型的电路图，仔细检查空调系统的电源电路，确保每个供电保险、继电器及供电线路不存在故障。

（2）检查控制单元及面板。

打开点火开关，启动发动机，开启空调。观察控制面板上的按钮按键是否能工作。

在维修时，应连接诊断仪，观察诊断仪能否与空调控制单元通信或读取控制单元的故障码。同时，应利用诊断仪读取数据流的功能，读取压力信号和温度信号、压缩机接通信号、怠速提升信号，并做好记录。如果诊断仪无法与空调控制单元建立联系，则表明控制单元电源电路、控制单元本身或总线通信线路有问题。

（3）检查传感器和执行器电路。

在第（2）项检查中，利用数据流分析传感器工作状态是常用的方法。另外利用执行器的主动测试可以判断执行器及其线路是否正常工作。

除此之外，直接检查传感器和执行器也是非常重要的能力。在空调系统中，要注意检查环境温度传感器和蒸发器温度传感器信号，若线路有故障会导致空调不工作。另外，压力传感器及线路、压缩机电磁阀控制电路也是检查重点。空调开关打开后，要观察压缩机是否运转，并通过视液镜观察制冷剂是否流动。

控制系统从电源、信号输入、信号控制处理和信号输出执行等方面保证空调系统正常运行，在检查时，要确保这些信号正常。

3）制冷系统检查

如果控制系统正常，则把检查重点放在制冷系统。

制冷系统常见的组件是压缩机、冷凝器、干燥罐、膨胀节流元件、蒸发器、管路及工作介质——制冷剂。

（1）压力测量。

通过压力测量，可以较好地判断制冷剂是否存在泄漏、制冷剂是否含有空气或水分、制冷剂是否循环不畅或压力不够等。所以，制冷剂压力是制冷系统最重要的诊断参数。压力测量的步骤与方法在之前的学习任务中已提及。

如图 4-6-3 所示，可利用压力表测量空调系统高压和低压端的压力，以判断制冷剂量及压缩机和系统循环是否存在故障。压力数据应根据维修手册的规定来判断，此外还应结合测试时的温度、湿度加以判断。

图 4-6-3　高低压管路压力正常

如图 4-6-4 所示，低压端偏低，高压端正常至偏低。故障原因可能是制冷剂不足，即表明空调系统中出现了泄漏。维修时应先回收制冷剂，再检漏，确保无漏点后加注规定量的制冷剂。

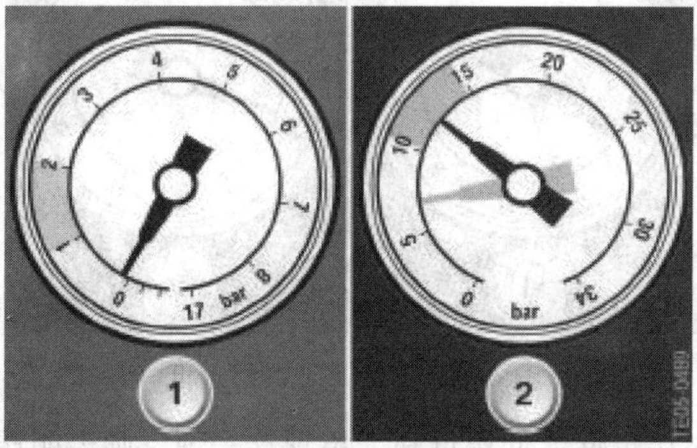

图 4-6-4　低压偏低，高压正常至偏低

如图 4-6-5 所示，高压端和低压端压力都偏高。可能的故障原因是制冷剂中含有空气、制冷剂过量、膨胀阀未闭合或者冷凝器冷却效果太差。在维修时，应检查膨胀阀和冷凝器，回收净化制冷剂，加注适量的制冷剂。

图 4-6-5　高低压管路压力都偏高

如图 4-6-6 所示，低压端偶尔出现真空状态，说明制冷剂中有水分，在膨胀阀处形成了冰堵现象，或者是蒸发器温度传感器故障，导致了蒸发器表面结冰。

图 4-6-6　低压正常至过低，高压正常至偏高

如图 4-6-7 所示，高低压端压力都过低，说明制冷剂循环出现故障。通常是由于膨胀阀卡死或干燥罐堵塞导致。

图 4-6-7　高低压端都过低

如图 4-6-8 所示，高压过低，低压过高。出现这一现象则表明压缩机压缩故障。可能的原因是压缩机皮带松动或打滑、压缩机损坏、压缩机电磁离合器打滑或未调整好。

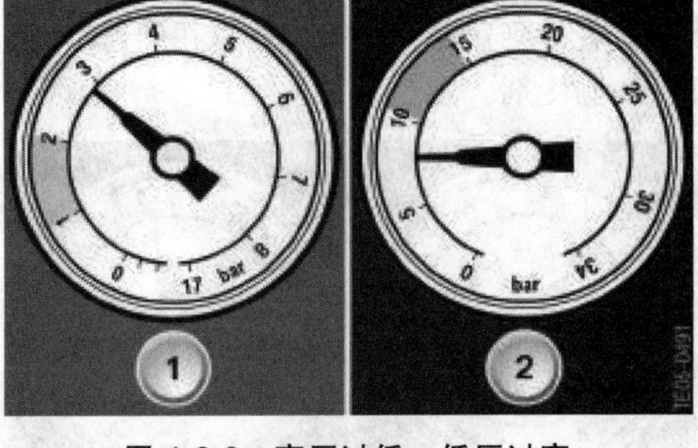

图 4-6-8　高压过低，低压过高

（2）温度测量。

温度测量一般使用红外线测温仪（见图 4-6-9）或普通温度计进行测量。

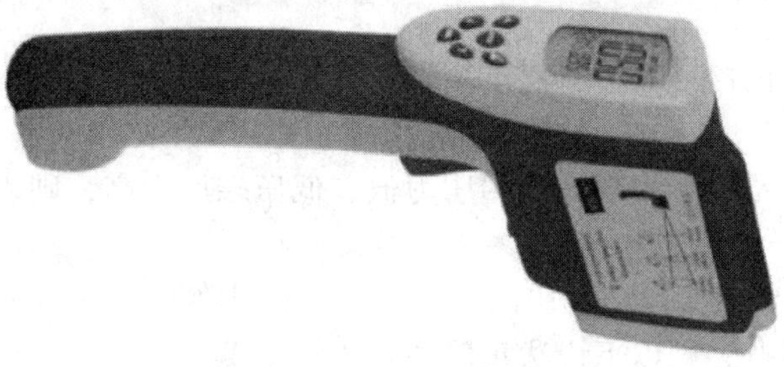

图 4-6-9　红外线测温仪

测量点分别是高低压管路、冷凝器进出口端、压缩机表面和出风口内。通过温度测量，可以了解系统的工作情况。

3）维修方式

如发现故障，一般的维修方式为制冷剂净化再加注、系统检漏补漏、部件更换或线路修理。在维修时，要结合实际故障，运用空调的工作原理来判断系统故障。

三、学习小结

（1）空调系统常规检查的方法是一听、二看、三摸、四检查。

（2）空调系统属于电控系统，在检查时应检查传感器、执行器及控制单元和电路。

（3）在排除空调系统不制冷故障时，先应检查控制系统，再检查制冷系统的组件和制冷剂循环的工作状况。

（4）对空调系统的压力和温度进行测量，对元件及电路进行检查是维修诊断的基本能力。

四、任务评估

本情境中，空调不制冷，首先检查制冷系统，确认正常后，检查控制系统。

五、自我评估

1. 填空题

（1）空调系统中最重要的诊断参数是______________和____________。

（2）在进行故障诊断时，除读取故障码外，可以利用诊断仪读取________________和执行_______功能来辅助诊断。

（3）红外线点温计是用来测量__________________________一种仪器。

2. 判断题

（1）在空调系统中制冷剂含有水分易导致冰堵现象。（　　）

（2）视液镜观察制冷剂中没有气泡表明制冷剂量充足。（　　）

（3）冷凝器冷却不良会导致制冷效果差。（　　）

（4）空调低压开关装在低压端，高压开关装在高压端。（　　）

3. 选择题

（1）在对空调系统的冷凝器进行温度测量时可选用（　　）。

A. 红外测温仪　　B. 温度计　　C. 压力表　　D. 以上都是

（2）在进行压力测量时，发现高压端压力低，低压端压力高，则表明以下哪个部件有故障？（　　）

A. 冷凝器　　B. 膨胀阀　　C. 压缩机　　D. 蒸发器

（3）如果干燥罐堵塞，则以下说法正确的是（　　）。

A. 干燥罐到膨胀阀的管路结霜　　B. 高压端压力高

C. 制冷效果差　　D. 以上都是

参考文献

[1] 杨光明. 汽车故障诊断与检测技术[M]. 南京：江苏科学技术出版社，2010.
[2] 张志强. 汽车检测与故障诊断[M]. 北京：机械工业出版社，2015.
[3] 郑立峰. 汽车检测与故障诊断技术[M]. 北京：北京理工大学出版社，2011.
[4] 李玉柱. 汽车检测与故障诊断技术[M]. 北京：冶金工业出版社，2012.
[5] 耿丽霞. 汽车维修技术[M]. 北京：中国劳动出版社，2010.
[6] 罗富坤. 汽车故障诊断技术[M]. 北京：化学工业出版社，2015.
[7] 郑为民. 汽车常见故障诊断与排除[M]. 北京：化学工业出版社，2014.
[8] 李清明. 汽车底盘故障分析详解[M]. 北京：机械工业出版社，2010.